Bernard-Marie Koltès

LE RETOUR AU DÉSERT

Présentation et notes
par
Pia Keßler

Ernst Klett Verlag
Stuttgart Düsseldorf Leipzig

Bernard-Marie Koltès

Le retour au désert

Herausgegeben von
Pia Keßler, Heidelberg

Weitere Mitarbeit:
Dr. Roger Bastrios, Perpignan

Tonträger:
Doppel-CD, Klettnummer 597829, Gesamtlaufzeit ca. 112 Minuten

Gedruckt auf Recyclingpapier,
hergestellt aus 100 % Altpapier.

1. Auflage A 1 4 3 2 1 | 2001 2000 99 98

Alle Drucke dieser Auflage können im Unterricht nebeneinander benutzt werden, sie sind untereinander unverändert. Die letzte Zahl bezeichnet das Jahr dieses Druckes.

Internetadresse: http://www.klett.de

Umschlaggestaltung: Xuyen Dam, Klaus Marek, Stuttgart.
Umschlagfoto: IFA-Bilderteam, München.
Fotosatz: Cannstatter Repro, Stuttgart.
Druck: Wilhelm Röck, Weinsberg
Printed in Germany.
ISBN 3-12-597823-8

Table des matières

Notice biographique

9 avril 1948 : Naissance de Bernard-Marie Koltès à Metz. Enfance et adolescence au sein d'une famille catholique appartenant à la petite bourgeoisie de province. Son père, engagé dans les guerres coloniales (Indochine, Algérie), sera souvent absent de la maison.
1958 : Koltès devient élève-pensionnaire à l'école Saint-Clément de Metz. Éducation par les jésuites dont la pensée et la rhétorique de l'argumentation exerceront une influence sur le futur auteur de théâtre.
1967 : Il s'inscrit dans une école de journalisme où il ne suit que rarement les cours.
1970 : Koltès s'installe à Strasbourg, ville qui servira de modèle à son roman *La fuite à cheval très loin de la ville,* écrit en 1976 et publié en 1984. Il rédige et met en scène sa première pièce intitulée *Les amertumes* qui reste inédite. Suivront d'autres pièces également inédites parmi lesquelles *Procès ivre* (1971) inspiré d'un roman de Dostoïevski.
1975–1976 : Après une tentative de suicide, il suit une cure de désintoxication.
1979 : Koltès rencontre Patrice Chéreau. Naissance d'une longue amitié avec celui qui va devenir le metteur en scène de ses pièces. Début des années parisiennes.
1983 : La collaboration avec Patrice Chéreau s'engage avec *Combat de nègre et de chiens*. Premiers signes de maladie.
1986–1987 : Création de *Quai ouest* et *Dans la solitude des champs de coton.* La mise en scène de ces deux pièces est confiée à Patrice Chéreau.
1988 : Chéreau met en scène *Le retour au désert*. Après des années difficiles, Koltès trouve la reconnaissance du public et peut enfin vivre de son art. Fascination pour le meurtrier en série et parricide Roberto Succo.
15 avril 1989 : B.-M. Koltès meurt du sida à l'âge de 41 ans.
1990 : Peter Stein monte *Roberto Zucco* en langue allemande à Berlin.
1991 : Parution de *Prologue*, roman inachevé.
1995 : Les Éditions de Minuit décident de publier l'intégralité des premières pièces de Koltès.

Introduction

« *Pour ma part, j'ai seulement envie de raconter bien, un jour, avec les mots les plus simples, la chose la plus importante que je connaisse et qui soit racontable, un désir, une émotion, un lieu, de la lumière et des bruits, n'importe quoi qui soit le bout du monde et qui appartienne à tous.* » (B.-M. Koltès, dans : *Alternatives théâtrales, no 35-36,* Odéon-Théâtre de l'Europe, Paris 1995)

A un premier niveau, le théâtre koltésien se présente comme un reflet de la réalité sociale. *Le retour au désert* évoque ainsi des périodes décisives de l'histoire de la société française contemporaine, les dernières années de la guerre d'Algérie ou la fin de l'Occupation allemande. L'époque de l'après-guerre et ses années de croissance délimitent également le cadre de ce récit. Enfin, la pièce se réfère directement à l'actualité des années 80 et à la montée du racisme en France, notamment à l'encontre des populations maghrébines.

Pourtant ces réalités sociales et historiques ne sont pas représentées de manière naturaliste. L'auteur se plaît en effet à transfigurer le réel en ayant recours au comique, à l'imaginaire et aux mythes. Le désert n'est pas seulement un lieu concret, c'est aussi un symbole du vide, du néant et de la solitude.

Au début des années soixante et après une absence d'environ quinze ans, Mathilde Serpenoise, accompagnée de ses deux enfants Édouard et Fatima, revient dans sa ville natale située dans l'Est de la France. A la Libération, enceinte d'un enfant de père inconnu, Mathilde avait dû fuir cette ville car elle y avait été accusée par un ami de son frère Adrien d'avoir eu des relations coupables avec l'ennemi. Après toutes ces années d'exil passées en Algérie, Mathilde est bien décidée à se venger. Son retour va de fait bouleverser le calme et l'ordre apparents de cette vie provinciale. Les lumières jetées sur le passé dérangent, font même naître des soupçons quant à une éventuelle responsabilité d'Adrien dans la mort de sa première femme qui était la meilleure amie de Mathilde. A la fin de la pièce, Adrien décide de suivre sa sœur Mathilde et de quitter la ville. La naissance de jumeaux noirs mis au monde par Fatima et prénommés Romulus et Rémus laisse présager un difficile retour au calme pour cette petite ville de province.

Ajoutons également que Koltès n'hésite pas à mettre dans la bouche de ses personnages des expressions familières issues d'une langue parlée souvent violente et directe.

Une ville de province, à l'est de la France, au début des années soixante.

Mathilde Serpenoise
Adrien, *son frère, industriel.*

Mathieu, *fils d'Adrien.*
Fatima, *fille de Mathilde.*
Edouard, *fils de Mathilde.*

Marie Rozérieulles, *première femme d'Adrien, décédée.*
Marthe, *sa sœur, seconde femme d'Adrien.*

Maame Queuleu, *domestique à demeure.*
Aziz, *domestique journalier.*

Le grand parachutiste noir.

Saïfi, *patron de café.*
Plantières, *préfet de police.*
Borny, *avocat.*
Sablon, *préfet du département.*

La traduction des passages en arabe et de quelques titres de chapitres se trouve à la fin du texte (p.64).

décédé,e mort – **à demeure** ständig, auf Dauer – **journalier, -ière** quotidien – **un parachutiste** une personne qui pratique le saut en *parachute* (Fallschirm)

I SOBH

1

Mur qui entoure le jardin.
Devant la porte d'entrée ouverte.
Le petit matin.

MAAME QUEULEU. – Aziz, entre, dépêche-toi. Il y a beaucoup de travail aujourd'hui, car Mathilde, la sœur de Monsieur, revient d'Algérie avec ses enfants. Il faut tout préparer et seule, je n'y arriverais pas.
AZIZ. – J'arrive, Maame Queuleu. Mais j'avais cru entendre des pas et des bruits de voix : et, à cette heure-ci, dans cette rue, cela m'a paru étrange.
MAAME QUEULEU. – Les rues sont dangereuses. Entre vite. Je n'aime pas laisser cette porte ouverte.

AZIZ. – هَاد النَهَارْ طَالِعْ مَا فِي بَانْش

Entre Mathilde.

MATHILDE. – عَلاَشْ غَادِي يكُونْ نْهَارْ خَايبْ ؟

AZIZ. – إِذَا كَانتِ الْأُخْت حمَارَهْ بْحَالْ خُوهَا ، بَايْنَهْ ..

MATHILDE. – أَنَا عَارْفتْهَا مش بْحَالْ خُوهَا

AZIZ. – وكيفْ تَعْرفِهَا ؟

MATHILDE. – أَنَا هِيَّ خْتُو ...

Entrent Fatima et Edouard, avec les valises.

MAAME QUEULEU. – Entre, Aziz, ne traîne pas devant cette porte. *(A Mathilde :)* Qui êtes-vous ? Qu'est-ce que vous cherchez ?
MATHILDE. – Laissez-moi passer, Maame Queuleu. C'est moi, Mathilde.

3 **le petit matin** le moment où le jour se lève – 8 **un pas** Schritt – 9 **étrange** bizarre

2

Hall d'entrée, grand escalier.

MATHILDE. – Qui est cette vieille femme qui descend les escaliers ?
MAAME QUEULEU. – C'est Marthe.
MATHILDE. – Qui donc ?
MAAME QUEULEU. – Marthe, la sœur de Marie.
MATHILDE. – Que fait-elle ici, à cette heure et dans cette tenue ?
MAAME QUEULEU. – Mathilde, Mathilde, c'est la femme d'Adrien. Ayez pitié d'elle.

Entre Adrien, en haut de l'escalier.

ADRIEN. – Mathilde, ma sœur, te voici de nouveau dans notre bonne ville. Es-tu venue avec de bonnes intentions ? Car, maintenant que l'âge nous a calmés un peu, on pourrait tâcher de ne pas nous chamailler, pendant le court temps de ton séjour. J'ai pris l'habitude de ne plus me chamailler pendant les quinze années de ton absence, et ce serait dur de s'y remettre.
MATHILDE. – Adrien, mon frère, mes intentions sont excellentes. Et si l'âge t'a calmé, j'en suis très contente : les choses seront plus simples pour le très long temps que je compte passer ici. Car moi, l'âge, au lieu de me calmer, m'a beaucoup énervée ; et entre ton calme et mon énervement, tout devrait bien se passer.
ADRIEN. – Tu as voulu fuir la guerre et, tout naturellement, tu es venue vers la maison où sont tes racines ; tu as bien fait. La guerre sera bientôt finie et bientôt tu pourras retourner en Algérie, au bon soleil de l'Algérie. Et ce temps d'incertitude dans laquelle nous sommes tous, tu l'auras traversé ici, dans la sécurité de cette maison.
MATHILDE. – Mes racines ? Quelles racines ? Je ne suis pas une salade ; j'ai des pieds et ils ne sont pas faits pour s'enfoncer dans le sol. Quant à cette guerre-là, mon cher Adrien, je m'en fiche. Je ne fuis aucune guerre, je viens au contraire la porter ici, dans cette bonne ville, où j'ai quelques vieux comptes à régler. Et, si j'ai mis si longtemps à venir régler ici ces quelques comptes, c'est que trop de malheurs m'avaient

6 **la tenue** *ici:* les vêtements – 8 **avoir pitié de qn** mit jdm Mitleid haben – 12 **tâcher de** essayer de – 13 **se chamailler** *fam* se disputer – 22 **les racines** *f* les origines (Wurzeln) – 24 **l'incertitude** *f* état de ce qui est incertain (Ungewissheit) – 27 **s'enfoncer dans qc** in etw. einsinken – **le sol** la terre (Boden) – 28 **je m'en fiche** *fam* cela m'est égal – 30 **une compte** Rechnung

rendue douce ; tandis qu'après quinze années sans malheur les souvenirs me sont revenus, et la rancune, et le visage de mes ennemis.

ADRIEN. – Des ennemis, ma sœur ? Toi ? Dans cette bonne ville ? L'éloignement a dû fortifier encore ton imagination, qui pourtant n'était pas faible ; et la solitude et le soleil brûlant de l'Algérie te brouiller la cervelle. Mais si, comme je le crois, tu es venue ici contempler ta part d'héritage pour repartir ensuite, eh bien, contemple, vois comme je m'en occupe bien, admire comme je l'ai embellie, cette maison, et, lorsque tu l'auras bien regardée, touchée, évaluée, nous préparerons ton départ.

MATHILDE. – Mais je ne suis pas venue pour repartir, Adrien, mon petit frère. J'ai là mes bagages et mes enfants. Je suis revenue dans cette maison, tout naturellement, parce que je la possède ; et, embellie ou enlaidie, je la possède toujours. Je veux, avant toute chose, m'installer dans ce que je possède.

ADRIEN. – Tu possèdes, ma chère Mathilde, tu possèdes : c'est très bien. Je t'ai payé un loyer, et j'ai considérablement donné du prix à cette masure. Mais tu possèdes, d'accord. Ne commence pas à me mettre en colère, ne commence pas à chicaner. Mets, je te prie, un peu de bonne volonté. Recommençons notre bonjour, car tout cela est mal parti.

MATHILDE. – Recommençons, mon vieil Adrien, recommençons.

ADRIEN. – Ne crois pas, Mathilde, ma sœur, que je te laisserai prendre des airs de propriétaire et vagabonder dans les couloirs en touchant à tout comme une maîtresse de maison. On ne peut pas abandonner un champ en friche, attendre à l'abri qu'un imbécile le cultive, et revenir au moment de la récolte pour revendiquer son bien. Si la maison est à toi, sa prospérité est à moi, et, crois-moi, je n'abandonnerai pas cette part-là. Toi-même, tu as choisi ta part. Tu m'as laissé l'usine par impuissance, et tu as pris la maison par paresse. Mais cette maison, tu l'as abandonnée pour fuir je ne sais où je ne sais quoi ; et maintenant, elle a pris ses habitudes sans toi ; elle a son odeur, elle a ses rites, elle a ses traditions, elle reconnaît ses maîtres. Il ne faut pas la brusquer, et je la protègerai si tu veux la saccager.

1 **tandis que** pendant que – 2 **la rancune** Groll, Rachsucht – 3 **l'éloignement** *m* Entfernung (→ loin) – 4 **fortifier** rendre fort – 5 **brouiller** *ici:* rendre confus – **la cervelle** *ici:* Verstand – 6 **contempler** regarder, admirer – 8 **embellir** rendre plus beau 13 **enlaidir** ≠ embellir – 17 **une masure** une maison misérable – **mettre qn en colère** *f* jdn wütend machen – 21 **prendre des airs** *m* **de** *fam* sich aufspielen als – 24 **en friche** brach, unbestellt – **un imbécile** un idiot – **cultiver** *ici:* bestellen – 25 **la récolte** Ernte – **revendiquer** réclamer, demander – **le bien** tout ce que qn possède 26 **la prospérité** la richesse – 27 **la part** (An)Teil – 28 **l'impuissance** *f* Unvermögen **la paresse** → paresseux – 32 **saccager** verwüsten, plündern

MATHILDE. – Pourquoi voudrais-je saccager ma maison, puisque je veux l'habiter ? Je juge, à sa prospérité, que ton usine doit être bien grasse, elle aussi, rapporter de sérieux dividendes, et faire, de tes banquiers, les meilleurs amis qu'un homme ait jamais eus. Tu aurais été pauvre que je t'aurais prié de faire tes valises ; mais, puisque tu es riche, je ne te chasserai pas, je m'accommoderai de toi, de ton fils, et du reste. Cependant, j'entends bien me souvenir que le lit dans lequel je coucherai est à moi, que la table où je mangerai est ma table, et que l'ordre ou le désordre que je mettrai dans les salons seront un ordre et un désordre justes et légitimes. Et puis, il était temps que je rentre, car cette maison manque de femmes.

ADRIEN. – Oh non, ma chère Mathilde, elle n'en manque pas, et il y en aura toujours trop. Cette maison est une maison d'hommes, et les femmes qui y passent n'y seront jamais qu'invitées et oubliées. Notre père l'a bâtie, et qui garde le souvenir de sa femme ? Moi-même je l'ai continuée et qui, ma pauvre Mathilde, garde le souvenir de ton existence ? Tiens-toi dans ta propre maison comme une invitée ; car, si tu crois retrouver ton lit comme un vieux meuble familier, il n'est pas sûr que ton lit te reconnaisse.

MATHILDE. – Et moi je sais, après quinze années, et dix années de plus, des années et des années à coucher ailleurs, je sais que j'entrerai dans ma chambre les yeux fermés, et je me coucherai dans mon lit comme si j'y avais toujours couché, et mon lit me reconnaîtra tout de suite. Et puis, s'il ne me reconnaît pas, je le secouerai jusqu'à ce qu'il le fasse.

ADRIEN. – Je le savais : tu viens ici pour faire du mal. Tu te venges de tes malheurs. Tu as toujours eu des malheurs pour pouvoir te venger ; tu attires le malheur, tu le cherches, tu cours derrière le malheur pour le plaisir de la rancune. Tu es dure et tu as le cœur sec.

MATHILDE. – Adrien, tu te fâches. Si tu ne m'as jamais fait de mal, pourquoi voudrais-je me venger de toi ? Adrien, nous ne nous sommes toujours pas dit bonjour. Essayons encore.

ADRIEN. – Non, je ne veux plus essayer.

Il s'approche de Mathilde.
Entrent Marthe et Maame Queuleu.

2 **juger** *ici:* penser – **gras,se** *ici:* reichlich gewinnbringend – 3 **un dividende** Dividende, Gewinn(anteil) – 6 **s'accommoder de** accepter (sich abfinden mit) 14 **bâtir** construire (→ un bâtiment) – 17 **familier, -ière** qui est bien connu 20 **ailleurs** pas ici, à un autre endroit – 23 **secouer** rütteln – 24 **se venger de** sich rächen an – 27 **avoir le cœur sec** ein Herz aus Stein haben – 28 **se fâcher** se mettre en colère

MARTHE *(à Maame Queuleu)*. – Qui est donc cette dame ?

MAAME QUEULEU. – C'est Mathilde.

MARTHE. – Sainte Vierge, comme elle a grandi !

ADRIEN. – J'ai oublié le nom de tes enfants.

MATHILDE. – Edouard, le garçon, et la fille, Fatima.

ADRIEN. – Fatima ? Tu es folle. Il va falloir me changer ce prénom ; il va falloir lui en trouver un autre. Fatima ! Et que dirai-je, moi, quand on me demandera son nom ? Je ne veux pas faire rire de moi.

MATHILDE. – On ne changera rien du tout. Un prénom, ça ne s'invente pas, ça se ramasse autour du berceau, ça se prend dans l'air que l'enfant respire. Si elle était née à Hong-Kong, je l'aurais appelée Tsouei Taï, je l'aurais appelée Shadémia si elle était née à Bamako, et, si j'en avais accouché à Amecameca, son nom serait Iztaccihuatl. Qui m'en aurait empêchée ? On ne peut quand même pas, un enfant qui naît, le timbrer pour l'exportation dès le début.

ADRIEN. – Au moins pendant ton séjour, au moins ici, au moins devant les amis. Appelons-la Caroline.

MATHILDE. – Fatima, viens saluer ton oncle. Edouard, approche-toi.

MARTHE. – Comme ils ont grandi ! Ont-ils appris à lire ? Ont-ils lu la Bible ? Cette petite est bien grande ; fait-elle ses dévotions à Notre-Dame de la Salette ? Connaissent-ils Mama Rosa, la sainte ?

MATHILDE. – Adrien, Adrien est-il vrai que tu as épousé ceci ?

ADRIEN. – Quoi donc ?

MATHILDE. – Celle-là, derrière toi. Tu dois bien savoir ce que tu as épousé, non ?

ADRIEN. – Oui, en effet, je l'ai épousée.

MATHILDE. – Tu es resté un singe, Adrien. Epouser cela après avoir épousé la sœur ! Marie, pauvre Marie. Tout ce qui était beau, et doux, et fragile, tendre, noble chez Marie est devenu ratatiné chez celle-là.

ADRIEN. – Avoir celle-là sous les yeux m'empêche d'avoir du remords pour l'autre.

MATHILDE. – Que dit ton fils ? Pauvre Mathieu !

ADRIEN. – Mon fils ne dit rien. Jamais. Pas devant moi, en tous les cas. Et puis, mon fils n'est pas pauvre, ni à plaindre.

3 **la Sainte Vierge** Heilige Jungfrau – **grandir** devenir plus grand – 10 **un berceau** le petit lit des bébés (Wiege) – 12 **Bamako** capitale du Mali – 13 **accoucher de** mettre au monde – **Amecameca** nom d'une ville fictive – 15 **timbrer** mettre un timbre (abstempeln) – 20 **faire des dévotions** *f* **à qn** seinen religiösen Pflichten gegenüber jdm nachkommen – 22 **épouser qn** se marier avec qn – 27 **un singe** Affe 29 **tendre** zart – **ratatiné,e** *fam* démoli – 30 **avoir du remords pour qn** regretter qn – 34 **plaindre qn** avoir pitié de qn

MATHILDE. – Et tu dors dans le même lit qu'elle ? Elle boit, n'est-ce pas ? Je le vois à sa figure.

ADRIEN. – Je ne sais pas. Peut-être. Il paraît. Pas devant moi, en tous les cas.

MATHILDE. – Tu es plus con qu'un gorille, Adrien. Tu préfères les caricatures, tu préfères les reproductions bon marché, la laideur à tout ce qui est beau et noble. Non, je ne la regarderai jamais comme ta femme. Marie est morte, tu n'as plus de femme.

ADRIEN. – Et toi, tu n'as pas plus de mari que moi de femme. D'où sortent-ils, ces deux-là ? Tu ne le sais pas toi-même. Ne me donne pas de leçon, Mathilde. Nous sommes frère et sœur, absolument. Bonjour, Mathilde, ma sœur.

MATHILDE. – Bonjour, Adrien.

ADRIEN. – Et moi qui croyais te retrouver avec la peau brunie et ridée comme une vieille Arabe. Comment fais-tu, avec ce foutu soleil d'Algérie, pour rester lisse et blanche ?

MATHILDE. – On se protège, Adrien, on se protège. Dis-moi, mon frère : tu ne te décides toujours pas à porter des chaussures ? Et quand tu sors, comment fais-tu ?

ADRIEN. – Je ne sors pas, Mathilde, je ne sors pas. *(Entre Mathieu.)* Maame Queuleu, Aziz, que l'on prépare les chambres ! Mathilde couchera dans sa chambre avec sa fille, et son fils avec le mien, dans la chambre du mien.

MATHIEU. – Je ne veux pas de ce garçon dans ma chambre. Je ne veux personne dans ma chambre. Ma chambre est à moi.

Adrien gifle Mathieu.

EDOUARD. – Ta chambre n'est pas à toi, trou du cul ! Maman, venez, allons-y : on s'installe.

3 LE SECRET DANS L'ARMOIRE.

La chambre à coucher de Mathilde.
Un lit, une armoire. Mathilde est au lit.
Entre Fatima.

5 **con, conne** *pop* idiot – **une caricature** Karikatur – 6 **une reproduction** une copie, une imitation – **la laideur** ≠ la beauté – 14 **la peau** Haut – **bruni,e** bronzé **ridé,e** marqué de *rides* (Falten) – 15 **foutu,e** *fam*; *avant le nom:* (gott)verdammt 16 **lisse** glatt – 26 **gifler** ohrfeigen – 27 **le cul** [ky] *pop* le derrière (Hintern) – 31 **une armoire** Schrank

FATIMA. – Maman, j'ai rencontré quelqu'un dans le jardin, quelqu'un que je n'avais jamais vu et qui me rappelle quelqu'un, quelqu'un dont je n'ose pas dire le nom, car ce quelqu'un me l'a interdit. Maman, maman, lève-toi ! Il se passe des choses trop étranges dans cette maison, et je la déteste. Viens avec moi, maman. Ce quelqu'un a disparu dès qu'est apparue dans le ciel une lueur, une toute petite lueur, la toute première lumière de l'aube. Mais viens : je suis sûre que l'herbe est encore foulée, et peut-être reste-t-il sur le tronc de l'arbre un fil de son habit, car ce quelqu'un s'y est appuyé. Maman, cette maison est pleine de secrets et elle me fait peur.

MATHILDE. – Non, je ne veux pas bouger. J'ai mis des heures à chauffer ces draps, et maintenant, je ne bougerai plus jusqu'au petit déjeuner. Viens à côté de moi ; il fait chaud ; dors. Il reste encore des heures avant la cloche du petit déjeuner et moi, l'appétit me travaille déjà. Il vaut mieux patienter en dormant. Tu me parleras après le café.

FATIMA. – Non, je ne peux pas dormir. Cette maison est mauvaise et je m'y sens trop mal.

MATHILDE. – Tu l'aurais connue du temps de Marie ! Viens dans les draps près de moi et je te raconterai comment Marie était bonne ; je te raconterai l'histoire de Marie, mon amie, mon petit amour de Marie qui rendait cette maison si agréable et chaude. Je te raconterai cela jusqu'à ce que tu t'endormes.

FATIMA. – Toi, tu ne songes qu'à dormir et à rappeler des souvenirs, alors qu'il se passe tant de choses.

MATHILDE. – Comment cela, je ne songe qu'à dormir ? Je venais juste de trouver le sommeil, après une nuit d'insomnie.

FATIMA. – Tu dis toujours cela, mais tu ronfles dès que tu approches d'un lit.

MATHILDE. – Ronfler, moi ? Je n'ai rien entendu. C'est l'automne dans cette ville, ces petites pluies dégueulasses qui vous bouchent le nez.

FATIMA. – Maman, maman, je te dis que j'ai rencontré quelqu'un. Viens, sinon tu ne me croiras pas ; l'herbe du jardin se sera redressée, et le vent et la rosée auront nettoyé le tronc de l'arbre. Mais je veux que tu me croies. Lève-toi, mets une robe.

6 **une lueur** une lumière faible (Schimmer, Licht) – 7 **l'aube** *f* le petit matin (Morgengrauen) – **fouler qc** *litt* marcher sur qc (platt treten) – 8 **le tronc (de l'arbre)** (Baum)Stamm – **un fil** Faden – **l'habit** *m* les vêtements – 9 **s'appuyer à qc** sich auf etw. stützen – 10 **chauffer** rendre chaud – 13 **la cloche** Glocke – 13 **travailler qn** *ici:* plagen – 14 **patienter** attendre avec *patience* (Geduld) – 22 **songer à** penser à – 25 **le sommeil** le fait de dormir – **l'insomnie** *f* la difficulté à s'endormir – 26 **ronfler** schnarchen – 31 **se redresser** sich wieder aufrichten – 32 **la rosée** Tau – **nettoyer qc** *ici:* faire disparaître les traces sur qc

MATHILDE. – Quelle tête fais-tu, Fatima ? Dis-le, ton secret dis-le ; il te gonfle la figure, il te sort par les yeux ; dis-le-moi, ou tu vas exploser.

FATIMA. – Un secret ne doit pas être dit.

MATHILDE. – Je t'ordonne de me le dire. Je les connais, ces secrets, ces rencontres dans le jardin la nuit, et neuf mois après, ce n'est plus un secret, mais un scandale. Parle-moi : qui est cet homme ? Que t'a-t-il fait ? Parle, je t'ordonne de me le dire ; car si ce n'est pas à moi que tu le dis, qui te soulagera de ton secret ?

FATIMA. – Je n'ai pas dit que c'était un homme.

MATHILDE. – Que lui as-tu dit ? Vous êtes-vous parlé ? Est-ce une apparition à qui l'on peut parler ?

FATIMA. – Je n'ai pas parlé, car j'avais trop peur.

MATHILDE. – Mais ce qu'elle t'a dit, alors, peux-tu me le dire ? Etait-ce une apparition aussi muette que toi ?

FATIMA. – Non, elle m'a parlé.

MATHILDE. – Dis-moi son nom.

FATIMA. – Jamais.

MATHILDE. – Alors, va le dire dans l'armoire, cela te soulagera ; va le dire dans les robes, je ne veux pas le savoir. Mais tu vas être malade si tu le gardes encore. *(Fatima s'enferme dans l 'armoire puis sort.)* Déjà ?

FATIMA. – Ce n'était pas un long secret.

MATHILDE. – En tous les cas, tu n'es plus si rouge. Pourquoi faire tant d'histoires pour un si petit secret ?

FATIMA. – J'ai dit qu'il n'était pas long, je n'ai pas dit qu'il était petit.

MATHILDE. – Je mets une robe et je vais avec toi. Mais crois-tu que tu vas pouvoir continuer à vivre comme une sauvage, ici ? Crois-tu qu'on va pouvoir continuer à vivre comme avant ?

Elle ouvre l'armoire.

FATIMA. – Je n'aurais pas voulu, maman, que cette chose m'arrive.

MATHILDE. – Quel nom as-tu dit ?

FATIMA. – Aucun, je n'ai pas dit de nom.

MATHILDE. – J'ai entendu un nom.

FATIMA. – Je n'ai pas ouvert la bouche, je suis restée là sans rien dire.

MATHILDE. – Dans les plis de mes robes, j ai entendu un nom.

FATIMA. – Qu'est-ce que ce nom ferait dans les robes ? Tu rêves, maman ; tu te moques de moi. Tu ne me crois pas.

2 **la figure** le visage – 4 **ordonner** befehlen – 8 **soulager qn de qc** jdn um etw. erleichtern; *ici:* jdm etw. abnehmen – 11 **une apparition** → apparaître – 14 **muet,te** stumm – 19 **une robe** Kleid – 34 **un pli** Falte

MATHILDE. – Si, je te crois. Restons ensemble, ne nous quittons pas. J'ai peur à mon tour. Viens près de moi, Fatima. Mettons-nous sous les draps.
FATIMA. – Tu trembles, maman, tu as l'air d'avoir froid.
MATHILDE. – Marie.
FATIMA. – Quoi ? Pourquoi dis-tu cela ?
MATHILDE. – Marie, c'est le nom que j'ai entendu dans le froissement des robes.

4 MATHIEU S'ENGAGE.

Dans le jardin.

ADRIEN *(surgissant devant Mathieu)*. – Où vas-tu ? Il est tôt, tu n'as pas pris de petit déjeuner. Où vas-tu, avec une pareille tête de comploteur ?
MATHIEU. – Je sors.
ADRIEN. – Tu sors, Mathieu, mon fils ? Tu sors d'où ? Et vers où sors-tu ?
MATHIEU. – Je sors de la maison, je sors du jardin, je sors complètement.
ADRIEN. – Et pourquoi diable veux-tu sortir ? Te manque-t-il quelque chose ? Aziz ira le chercher pour toi.
MATHIEU. – Il me manque de sortir, et cela, Aziz ne peut pas le faire à ma place.
ADRIEN. – Aziz peut tout faire à ta place, sauf être mon fils, et je voudrais savoir pourquoi mon fils a un tel air de comploteur si tôt le matin.
MATHIEU. – N'est-il pas normal qu'à mon âge je puisse sortir de cette maison sans qu'il s'agisse là d'un complot ?
ADRIEN. – Non, cela n'est pas normal. Veux-tu aller à l'usine ? Je t'y amènerai tout à l'heure. Veux-tu aller à l'église ? Si tu es devenu bigot, on t'y conduira après le petit déjeuner. Sinon, où pourrais-tu aller? D'où te vient cette drôle d'idée ?
MATHIEU. – Je veux aller en ville.
ADRIEN. – Mais tu es en ville, Mathieu, mon fils. Notre maison est en plein centre de la ville, tu ne peux pas être davantage en ville que dans notre maison.
MATHIEU. – Je veux prendre l'air.

4 **avoir l'air** *m* **de** + *Inf* sembler + *Inf* – 7 **le froissement** Rascheln – 10 **surgir** apparaître tout à coup – 11 **un(e) pareil,le** + *nom* so(lch) eine(r) – **le comploteur** Verschwörer – 20 **un(e) tel,le** + *nom* un pareil + *nom* – 24 **bigot,e** [bigo, -ɔt] frömmelnd, bigott – 29 **davantage** plus – 31 **prendre l'air** *m* aller se promener

Adrien. – Eh bien, allonge-toi dans le jardin, sous les arbres, et je te ferai porter ici ton café. Il n'y a pas plus d'air dans toute la ville que dans ce jardin.

Mathieu. – Je veux m'en aller.

Adrien. – Eh bien, va-t'en, va-t'en, dans les limites de ce jardin. Et puis, efface de ce visage cet air louche, ou alors dis-moi ce que tu as en tête.

Mathieu. – J'ai en tête que je veux quitter cette maison, quitter cette ville, quitter ce pays et m'engager dans l'armée.

Adrien. – Répète une seconde fois, Mathieu, mon fils, car ce matin j'ai la tête troublée par les cris de ta tante.

Mathieu. – Je veux faire mon service militaire, partir en Algérie et faire la guerre.

Adrien. – Qui t'a dit qu il y avait une guerre en Algérie ?

Mathieu. – Je ne veux plus coucher dans la même chambre qu'Edouard, je ne veux plus me cogner à Edouard à longueur de jour et de nuit, je veux aller en Algérie parce que c'est le seul endroit où je ne risque pas de le rencontrer, puisqu'il vient de la quitter.

Adrien. – Qui t'a dit que l'Algérie existait ? Tu n'es jamais sorti d'ici.

Mathieu. – Je ne suis jamais sorti d'ici, non ; et Edouard se moque de moi parce que je ne connais pas le monde.

Adrien. – Le monde est ici, mon fils, tu le connais parfaitement bien, tu t'y promènes tous les jours et il n'y a rien d'autre à connaître. Regarde mes pieds, Mathieu : voilà le centre du monde ; au-delà, c'est le bord du monde ; si tu vas trop au bord, tu tombes.

Mathieu. – Je veux voyager.

Adrien. – Voyage de ta chambre au salon, du salon au grenier, du grenier au jardin. Mathieu, mon fils, tu as la tête dérangée ce matin.

Mathieu. – Je veux faire mon service militaire.

Adrien. On ne te prendra pas : tu as les pieds plats.

Mathieu. – Je n'ai pas les pieds plats.

Adrien. – Qui t'a dit que tu ne les avais pas ? J'ai les pieds plats, tu les as donc aussi. Ce sont des choses qu'un père sait mieux que son fils.

Mathieu. – Même avec les pieds plats, je veux être militaire, être parachuté au-dessus de l'Algérie et faire la guerre à l'ennemi. Je veux être parachutiste, papa, je veux avoir le cheveu très court, l'uniforme de

6 **effacer** faire disparaître – **louche** bizarre, suspect – 8 **s'engager** *ici:* sich verpflichten – 10 **troublé,e** verwirrt – 15 **se cogner à** stoßen auf – **à longueur de jour** pendant toute la journée – 23 **au-delà (de)** jenseits, über ... hinaus – 26 **le grenier** Speicher, Dachboden – 27 **dérangé,e** *ici:* troublé – 33 **parachuter** → le parachutiste, le parachute – 34 **un ennemi** ≠ un ami

camouflage, le couteau attaché à la jambe, l'arme à la ceinture ; je veux me jeter par la porte grande ouverte de l'avion, je veux flotter en l'air, planer au-dessus du sol, chanter entre le ciel et la terre.

ADRIEN. – Je vais renvoyer Aziz et corriger Edouard.

MATHIEU. – Je veux être admiré par les enfants, je veux que les garçons me regardent avec envie, je veux que les femmes me draguent, je veux que l'ennemi ait peur de moi. Je veux être un héros, risquer ma vie, échapper à des attentats, être blessé, souffrir sans me plaindre, saigner.

ADRIEN. – Sois un héros ici, sous mon regard. N'en suis-je pas un, moi, depuis l'arrivée de ta tante ? N'en ai-je pas toujours été un, à t'élever et à te préparer un héritage comme je l'ai fait ?

MATHIEU. – Je ne veux pas hériter. Je veux mourir en disant de belles phrases.

ADRIEN. – Lesquelles, par exemple ?

MATHIEU. – Je ne sais pas encore.

ADRIEN. – Tu ne sais rien. Au-delà de ce mur, c'est la jungle, et tu ne dois pas la traverser sans la protection de ton père.

MATHIEU. – Je ne veux plus de la protection de mon père. Je ne veux plus être giflé, je veux être un homme qui frappe les autres ; je veux des camarades avec qui boire et me battre ; je veux des ennemis à tuer et à vaincre ; je veux aller en Algérie.

ADRIEN. – Tes ennemis sont dans ta propre maison. Tes camarades, c'est ton père ; si tu veux boire, bois, et je ne te giflerai plus. De toute façon, l'Algérie n'existe pas et tu auras l'air d'un imbécile.

MATHIEU. – Edouard m'a parlé de l'Algérie.

ADRIEN. Edouard est un mythomane, il te dérange la tête.

MATHIEU. – Toi-même, je t'ai entendu parler de la guerre.

ADRIEN. – Elle est finie, on a gagné, tout est calme dans le bled, chacun retourne à son travail.

MATHIEU. – Je veux aller à Paris ; je ne veux plus vivre en province : on y voit toujours les mêmes têtes et il n'arrive jamais rien.

ADRIEN. – Rien ? Tu appelles cela rien ? Ta tante et tes cousins débarquent et tu trouves que ce n'est rien ? Mathieu, mon fils, la province française est le seul endroit du monde où l'on est bien. Le monde

1 **le camouflage** Tarnung – **attacher à** festmachen – **une ceinture** Gürtel – 3 **planer** schweben – 4 **renvoyer qn** *ici:* licencier qn – **corriger qn** *ici:* punir qn – 8 **échapper à qc** éviter qc – **saigner** → le sang – 11 **élever** groß-/aufziehen – 16 **la jungle** [ʒœ̃gl] Dschungel – 21 **vaincre** besiegen – 24 **un imbécile** un idiot – 26 **un mythomane** [mi-] Mythomane, krankhafter Lügner – 28 **un bled** un village (du Maghreb) 32 **débarquer** *ici: fam* aufkreuzen

entier envie notre province, son calme et ses clochers, sa douceur, son vin, sa prospérité. On ne peut rien désirer, en province, car on a tout ce qu'un homme désire. Ou alors il faut avoir la tête dérangée, préférer la misère à l'opulence, la faim et la soif plutôt que le rassasiement, le danger et la peur plutôt que la sécurité. As-tu la tête dérangée, Mathieu mon fils, et dois-je te la remettre en place ? De toute façon, que parles-tu de voyager ? Tu ne parles aucune langue et tu n'as même pas été foutu d'apprendre le latin.

MATHIEU. – J'apprendrai les langues étrangères.

ADRIEN. – Un bon Français n'apprend pas les langues étrangères. Il se contente de la sienne, qui est largement suffisante, complète, équilibrée, jolie à écouter ; le monde entier envie notre langue.

MATHIEU. – Et moi j'envie le monde entier.

ADRIEN. – Fais-moi tomber cet air suspect de ton visage, Mathieu. *(Il le gifle.)* Il en reste encore un peu. *(Il le gifle une seconde fois.)* Je retrouve enfin mon fils.

MATHIEU. – Il n'empêche : je serai militaire.

ADRIEN. – Que dis-tu ?

MATHIEU. – Est-il vrai que j'ai les pieds plats ?

ADRIEN. – Mais bien sûr, puisque je te l'ai dit. Regarde les miens. C'est donc ça qui te trouble ? Mais on peut vivre avec cela, Mathieu, mon fils. Il ne faut pas porter trop souvent de chaussures pour ne pas en souffrir. Mais, sinon, tu es un homme ordinaire, Mathieu, tout à fait ordinaire.

MATHIEU. – J'aurais voulu être extraordinaire.

ADRIEN. – C'est idiot. Il y a de plus en plus de gens extraordinaires. Au point que cela va devenir extraordinaire d'être une personne ordinaire. Alors, patiente un peu ; tu n'as rien à faire pour cela, rien.

Ils sortent.

1 **envier** beneiden – **un clocher** Kirchturm (→ une cloche) – 4 **l'opulence** *f* la grande richesse (Überfluss) – **le rassasiement** *litt* le fait d'avoir assez à boire et à manger – 5 **la sécurité** Sicherheit – 7 **tu n'as pas été foutu d'apprendre le latin** *pop:* nicht einmal für Latein hat es gereicht – 8 **se contenter de** sich zufrieden geben mit (→ content) – **largement** bei weitem – **équilibré,e** ausgewogen – 23 **ordinaire** *ici:* gewöhnlich – 26 **au point que** so/derart, dass

II

5

Couloir, porte entrouverte par laquelle sortent Adrien puis quelques hommes, séparément, puis Plantières qui reste seul dans le couloir. Entre Edouard, qui immobilise Plantières. Entre Mathilde, des ciseaux à la main.

PLANTIÈRES. – Qui êtes-vous ? Que me voulez-vous ?

MATHILDE. – Je suis Mathilde et je vais vous raser les cheveux. Je vais ôter jusqu'au dernier poil de votre crâne, et vous sortirez d'ici avec le crâne lisse comme celui des femmes qui ont couché avec l'ennemi, et vous connaîtrez le plaisir qu'il y a à sortir dans la rue avec une tête bosselée et blanche, avec la nudité de la tête, qui est la pire des nudités ; vous connaîtrez le rythme lent, interminable, l'insupportable lenteur du rythme de la repousse des cheveux ; vous vous regarderez dans la glace le matin et vous verrez un horrible vieillard, un étranger répugnant, un singe qui singe vos grimaces ; alors, vous découvrirez combien il est dur d'habiller un crâne ; vous chercherez des chapeaux et tous vous sembleront affreux ; vous rêverez de perruques, de capuches ; vous haïrez les passants dans la rue, vous les trouverez tous beaux, avec leurs boucles, le beau désordre de leurs chevelures ; et, pendant de longs mois, votre vie tout entière, vos pensées, vos rêves, votre énergie, vos désirs, vos haines seront tous fixés sur cette chose idiote qu'est l'absence de cheveux sur un crâne ; vous vous concentrerez pour faire pousser plus vite ; vous tirerez sur les premières pousses pour faire aller plus vite ; et vous verrez que cela ne va pas plus vite, que cela a un rythme insupportable de lenteur, que les journées sont longues, et les semaines longues, et les mois longs à porter un crâne obscène, et vous préférerez qu'on vous ait coupé les couilles.

PLANTIÈRES. – Quel est ce morveux qui me tient et qui me brutalise ?

3 **immobiliser qn** arrêter qn – 4 **des ciseaux** *m* Schere – 7 **ôter** enlever – **le poil** *ici:* le cheveu – **le crâne** la tête (Schädel) – 10 **bosselé,e** verbeult – **la nudité** Nackheit; *ici :* Kahlheit – **le, la pire** le, la plus mauvais(e) – 11 **interminable** → terminer – **insupportable** que l'on ne peut pas *supporter* (aushalten) – **la lenteur** → lent – 12 **la repousse** Nachwachsen – 13 **un vieillard** un vieil homme – 14 **répugnant,e** abstoßend – 16 **affreux, -euse** horrible – 17 **une capuche** Kapuze – **haïr** détester 18 **une boucle** Locke – **la chevelure** → les cheveux – 20 **la haine** → haïr – 21 **l'absence** *f* Abwesenheit – 26 **les couilles** *f, pop* Hoden – 27 **un morveux** *fam* Rotznase, Bengel **brutaliser qn** traiter qn d'une manière brutale

Je suis un homme honorable. Je suis un homme respecté parce que je mérite le respect. Ma carrière est sans tache, ma vie de famille parfaite, ma notoriété considérable dans cette ville. Je ne suis pas de ceux qui traînent seuls dans les rues, la nuit, et qui se font agresser par les voyous. Je ne sors de chez moi que pour aller chez des amis, et à la préfecture, et à l'église. Est-ce que même la maison d'un ami n'est plus un lieu sûr ? Dois-je craindre de m'éloigner de chez moi ? Devrai-je avoir peur, bientôt, de violences dans ma propre maison ? Qu'avez-vous contre mes cheveux ? Que vous ont-ils fait ? Je serai bientôt vieux et ils tomberont tout seuls. Je veux qu'ils tombent tout seuls, je ne veux pas qu'on y touche.

MATHILDE. – Les miens non plus, je n'ai pas voulu qu'on y touche. Mais vous m'avez désignée à la foule, vous m'avez montrée du doigt, vous avez fait cracher sur moi avec vos mensonges, vous m'avez accusée de trahison. Vous. Et même si vous avez oublié, même si le temps a passé, moi, je n'ai pas oublié.

PLANTIÈRES. – Mais de quoi parlez-vous, et qui donc croyez-vous que je sois ? Vous est-il arrivé quelque chose, jadis, il y a bien longtemps, et me prenez-vous pour un autre ? Moi, je ne vous connais pas, je ne vous ai jamais vue ; et vous ne me connaissez pas non plus. Vous êtes-vous introduite par la fenêtre, avec ce morveux qui maintenant me fait mal aux épaules et aux bras ? Êtes-vous des cambrioleurs ? Dans ce cas, sachez que je ne suis pas le propriétaire de cette maison, je ne peux rien pour vous, et je vous promets même de ne pas vous empêcher d'agir, de ne pas appeler au secours. Êtes-vous une domestique ? Dans ce cas, sachez que vous avez déjà perdu votre place. Mais je crois plutôt que vous êtes l'inévitable vieille folle de la famille qu'on cache au grenier. Comment êtes-vous sortie de votre chambre ? Au secours ! Au secours ! Que cette brute me lâche !

MATHILDE. – Je ne suis plus vieille et je n'ai jamais été domestique. Je suis Mathilde, et cette maison est à moi. Elle est à moi, et il n'y a pas de raison pour que vous vous y sentiez en sécurité. Moi, je vous connais. Moi, je vous reconnais. Quinze années vous ont engraissé ; elles ont enrichi vos vêtements, elles ont posé des lunettes sur vos

1 **honorable** ehrbar – 2 **mériter** verdienen – **une tache** Fleck – 3 **la notoriété** la réputation (Ruf) – **considérable** grand – 5 **un voyou** Gauner, Ganove – 13 **désigner** montrer – **une foule** un grand nombre de personnes – 14 **un mensonge** → mentir 15 **la trahison** Verrat – 18 **jadis** autrefois – 21 **s'introduire** entrer, pénétrer – 22 **un cambrioleur** un voleur – 27 **inévitable** que l'on ne peut pas éviter – 29 **une brute** une bête (Rohling, Bestie) –33 **engraisser qn** faire grossir (mästen, zunehmen lassen) – 34 **enrichir** rendre riche

yeux, elles ont mis des bagues à vos doigts. Mais y aurait-il cent ans entre le jour où vous m'avez condamnée à l'exil en me montrant du doigt, et aujourd'hui où vous allez en être puni, y aurait-il trois siècles, que je vous aurais reconnu.

PLANTIÈRES. – Vous ne savez même pas mon nom.

MATHILDE. – Qu'ai-je à faire de votre nom ? C'est à vos cheveux que j'en ai.

PLANTIÈRES. – Et moi, je vais vous dire, et vous devez me croire : je sais que vous vous trompez. J'ai une grande famille ; j'ai au moins sept frères qui tous me ressemblent ; j'ai des centaines de cousins que l'on confondrait avec moi, car dans ma famille on se marie entre nous, alors tout ce qui naît ressemble à tous les autres, au point que les mamans ne savent plus qui est à qui. C'est un autre, c'est un autre que vous cherchez. Regardez-moi bien, car il y a peu de lumière ici. Est-ce que cette joue-là vous la reconnaissez ? Et cette petite cicatrice sous l'oreille, l'aviez-vous déjà vue ? Êtes-vous certaine de reconnaître la forme de ce nez ? Regardez-moi bien. Vous vous trompez, vous vous trompez. Ce n'est pas moi, celui à qui vous en voulez.

Mathilde lui rase les cheveux.

MATHILDE. – C'est vous, on vous a reconnu.

Mathilde et Edouard sortent.

PLANTIÈRES. – Adrien, au secours ! *(Entre Adrien.)* Monsieur Serpenoise, vous arrivez trop tard. Monsieur Serpenoise, je ne vous appellerai plus jamais par votre prénom, vous n'êtes plus mon ami, vous n'êtes plus une relation, vous ne serez plus reçu à la préfecture, vous n'aurez plus droit à des faveurs. Quoi, vous osez sourire ? Si, j'ai vu un sourire, un odieux ricanement sur votre visage. Ne me regardez pas. Par politesse, détournez-vous de moi, regardez à vos pieds. Monsieur Serpenoise, croyez-vous que ces pieds que vous promenez tout nus, dans la bonne société, sont moins ridicules que ma tête ? Que signifient ces manières ? Portez au moins des chaussettes ; enfilez au moins des charentaises. Et vous vous permettez de sourire !

1 **une bague** Ring – 6 **Qu'ai-je à faire de votre nom?** Votre nom ne m'intéresse pas! – 10 **des centaines** Hunderte – 11 **confondre qn avec un autre** prendre qn pour un autre – 12 **naître** geboren werden(→ la naissance) – 15 **une cicatrice** Narbe – 26 **une faveur** Gunst, Vorteil – 27 **odieux, -euse** méchant – **le ricanement** Spottgelächter – 28 **la politesse** → poli – **se détourner** sich abwenden – 30 **nu,e** nackt; *ici:* sans chaussures **ridicule** lächerlich – 31 **des chaussettes** *f* Socken – **enfiler** *fam* mettre – 32 **des charentaises** *f* des pantoufles

J'avais cru être chez un ami ; j'avais cru être chez un homme du même monde que moi ; je croyais qu'on était entre nous. Vous nous avez bien trompés. Vous avez attendu bien longtemps avant de vous dévoiler. Vous êtes d'une famille de fous. Une sœur hystérique, un enfant mou et presque mongolien, un neveu et une nièce malades, dépressifs, épileptiques ; comment ai-je pu croire, comment avons-nous pu, nous, la bonne société de cette ville, penser que vous auriez pu échapper aux tares de votre famille ? Et maintenant vous ricanez, vous vous montrez sous votre vrai jour ; vous m'avez trahi, monsieur Serpenoise. Et c'est chez vous que nous organisons ces réunions dangereuses, chez un fou et un traître. Je vais prévenir tout le monde, vous ne serez plus reçu et l'on ne viendra plus chez vous. Vous serez exclu de l'Office d'action sociale qui vous a fait sottement confiance, et peut-être même serez-vous châtié. Vous paierez cela, Serpenoise ; vous êtes un traître.

ADRIEN. – Calmez-vous, Plantières. Je n'ai pas souri. C'était une grimace de honte, car ma famille me pèse. Mais qu'y puis-je ? Je ne suis pas responsable de ma sœur ; je ne peux pas la tuer. J'ai fait, avec votre aide, Plantières, tout ce que j'ai pu pour l'éloigner d'ici. Mais je ne peux quand même pas la tuer. Je vous dédommagerai pour ce terrible accident.

PLANTIÈRES. – Et ma femme ? Et mes enfants ? Et mes collègues de la préfecture ?

ADRIEN. – Allez à la campagne pendant quelques semaines dans ma maison. Mathilde, Mathilde, je la tuerais bien, et ses enfants avec elle. Je pourrais être un assassin, oui, mais je te jure, Archibald, que je ne suis pas un traître.

PLANTIÈRES. – Si, tu m'as trahi, Adrien.

ADRIEN. Je te jure que non ; non, je n'ai jamais rien dit.

PLANTIÈRES. – Comment aurait-elle su, alors ? C'est toi qui m'avais demandé de l'accuser de complaisances avec l'ennemi et j'ai cédé, par pure folie, et cela devait être un secret entre nous. Vous avez parlé, Serpenoise, ce n'est pas possible autrement.

ADRIEN. – Je n'ai pas parlé, je le jure sur la tête de mon fils, que j'aime. Il n'y a que vous et moi qui savions. Et Marie.

PLANTIÈRES. – Marie est morte.

4 **mou, mol, molle** *pour une personne:* lahm – 8 **la tare** *ici:* Makel, Fehler – **ricaner** → le ricanement – **se montrer sous son vrai jour** sein wahres Gesicht zeigen 9 **trahir** → la trahison – 11 **un traître** qn qui trahit qn/qc – 12 **exclure** ausschließen – 13 **sot,te** [so, sɔt] bête – 14 **châtier qn** *litt* punir qn – 16 **peser** *ici:* belasten, zu schaffen machen – 19 **dédommager qn** jdn entschädigen – 24 **un assassin** une personne qui a tué qn – **jurer** schwören – 29 **la complaisance** *ici:* la coopération – **céder** nachgeben

ADRIEN. – Oui, Marie est morte. Plantières, vengez-vous, et je connais un moyen. Vous êtes préfet de police ; réunissez l'avocat Borny, et Sablon, le préfet du département. La fille de Mathilde est une folle ; elle croit avoir des apparitions, dans le jardin, la nuit. N'est-ce pas un charmant motif pour la faire enfermer ? Glissons-nous, un soir, dans ce jardin ; cachons-nous. Soyons les témoins de sa folie. Et tu seras vengé, mon pauvre Archibald, et moi aussi.

Ils sortent.

6 ZOHR

Dans le salon.
Entrent Maame Queuleu et Mathilde.

MAAME QUEULEU. – Allons, Mathilde, allons. Réconciliez-vous avec votre frère, car cette maison devient un enfer à cause de vos disputes. Et pourquoi, mon dieu, pourquoi ? Parce que tel objet était à telle place et que vous ne voulez plus qu'il y soit ; parce que Monsieur n'aime pas la manière dont vous vous habillez et que sa manie de marcher pieds nus vous déplaît. Êtes-vous encore des enfants ? Ne pouvez-vous trouver un moyen terme à toute chose ? Ne savez-vous donc pas que grandir, c'est trouver un moyen terme à toute chose, abandonner son entêtement, et se réjouir de ce que l'on peut obtenir ? Grandissez, Mathilde, grandissez, il est temps. Les chamailleries donnent des rides, de très vilaines rides ; voulez-vous être couverte de vilaines rides à cause d'histoires dont vous ne vous souvenez même plus quelques minutes après ? Je vous aiderai à trouver le moyen terme, Mathilde, je m'y connais là-dedans : Monsieur se lève à six heures et vous à dix, levez-vous tous deux à huit heures ; vous détestez le porc et Monsieur n'aime que le rôti, je vous ferai du rôti de veau ; la vie serait simple, si on le voulait bien. Réconciliez-vous, Mathilde, car cette maison devient invivable.

2 **réunir** mettre ensemble – 5 **se glisser** entrer discrètement – 6 **un témoin** Zeuge **la folie** Wahn, Irrsinn (→ fou) – 11 **se réconcilier** → une réconciliation – 16 **déplaire** ≠ plaire – **un moyen terme** Mittelweg – 17 **grandir** devenir plus grand – 18 **l'entêtement** *m* Dickköpfigkeit (→ tête) – 19 **obtenir** recevoir – 20 **les chamailleries** *f*, *fam* les disputes (→ se chamailler) – **une ride** → ridé – **vilain,e** *ici:* laid (häßlich) 25 **le porc** [pɔʀ] Schweinefleisch – **un rôti** Braten – 27 **invivable** où l'on ne peut pas vivre

MATHILDE. – Je ne veux pas me réconcilier, puisque je ne suis pas fâchée.

MAAME QUEULEU. – Taisez-vous ; j'entends d'ici les éclats de voix de votre frère. Que lui avez-vous fait ? Pourquoi la matinée commence-t-elle toujours par des éclats de voix, et les soirées finissent par la bouderie ? Est-ce cela, le rythme de votre sang ? Ce n'est pas le mien, ce n'est pas le mien, je ne m'y habituerai jamais. Une seule colère comme les vôtres me laisserait malade et épuisée ; mais vos colères à vous semblent vous ragaillardir et vous donner des forces. Votre énergie me fatigue plus que le ménage. Dépensez-vous à autre chose, ma fille ; brodez, faites de la couture ou de la menuiserie ; et que Monsieur s'occupe davantage de son usine, car on raconte en ville qu'elle va à vau-l'eau depuis votre retour. Voulez-vous être ruinée ? Répondez-moi, Mathilde, car votre silence me fait peur.

MATHILDE. – Broder, Maame Queuleu ? Ai-je une tête à broder ? Silence, je l'entends qui vient.

MAAME QUEULEU. – Ayez pitié de nous, Mathilde, ayez pitié de nous.

Entre Marthe.

MARTHE. – Je l'ai calmé, Dieu du ciel. Je connais une invocation particulière dont le démon a une sainte horreur ; je lui ai lancé ça à la figure, et il n'a fait ni une ni deux, il a filé, et mon Adrien est maintenant doux et fatigué ; car le démon, ça fatigue.

MATHILDE. – Cette femme a déjà picolé si tôt le matin. Pourquoi ne boit-elle pas du thé comme tout le monde ? Il faudrait la faire hospitaliser.

MARTHE. – Ma petite Mathilde, il faut être gentille avec mon Adrien ; c'est un enfant, il est maladroit, mais il vous aime tant, et vous le méritez tellement.

MATHILDE. – Maame Queuleu, ne pouvez-vous me débarrasser de cette femme ?

MARTHE *(à Maame Queuleu)*. – Apporte-nous quelque chose à boire, pour fêter la réconciliation de ces deux anges.

MAAME QUEULEU. – On n'entend plus votre frère. Il semble qu'il s'est calmé, en effet.

Entre Adrien.

2 **des éclats** *m* **de voix** *f* des cris (Geschrei) – 4 **la bouderie** Schmollen – 7 **épuisé,e** *ici:* très fatigué – 8 **ragaillardir** *fam* aufmuntern (→ gai) – 9 **se dépenser** sich verausgaben – 10 **broder** sticken – **la couture** → coudre – **la menuiserie** Tischlern, Schreinern – 11 **aller à vau-l'eau** den Bach runter gehen – 18 **une invocation** le fait de prier à haute voix (Anrufung) – 19 **saint,e** heilig – 20 **filer** *fam* s'en aller – 22 **picoler** *fam* boire de l'alcool avec excès – 23 **hospitaliser qn** mettre qn dans un hôpital 25 **maladroit,e** ungeschickt – 27 **débarrasser qn de qn** vom Hals schaffen

Maame Queuleu. – Adrien, votre sœur est prête à vous embrasser.

Adrien. – Je l'embrasserai plus tard.

Maame Queuleu. – Pourquoi pas tout de suite ?

Adrien. – J'ai deux mots à dire, d'abord. Elle me fâche avec mes amis, elle les insulte, elle les brutalise, et eux n'osent plus venir ici et me font, quand je les croise, une tête pleine de reproches. Pourquoi me reprocher à moi les folies de cette femme ? Je ne veux plus payer pour elle.

Mathilde. – Tout m'agace, chez eux, Maame Queuleu, je n'y peux rien. D'ailleurs, tout m'agace chez Adrien. Le bruit de ses pas dans le couloir, sa manière de tousser, le ton avec lequel il dit : mon fils ; leurs petites réunions secrètes où les femmes ne sont pas admises. On me ferme la porte d'une pièce pendant des heures dans ma propre maison ? On complote à côté de moi ? Je ferai ôter toutes les portes de cette maison, je veux tout voir, quand je le veux ; je veux pouvoir entrer partout à l'heure que je veux.

Maame Queuleu. – Mathilde, vous avez promis.

Mathilde. – Tout à l'heure, Maame Queuleu.

Adrien. – On raconte en ville qu'elle se promène nue sur le balcon.

Maame Queuleu. – Allons, allons, Mathilde, nue sur le balcon !

Adrien. – On le raconte.

Maame Queuleu. – On raconte n'importe quoi.

Adrien. – Si on raconte qu'elle se promène nue sur le balcon, c'est comme si je l'avais vue. On ne raconte pas cela de moi, ni de vous, Maame Queuleu. Toute jeune déjà, cette fille a fauté, c'est l'appel de la nature ; elle ne va pas par miracle devenir une dame sur le tard.

Marthe. – Un miracle est toujours possible, il faut y croire.

Mathilde. – Fauté, Maame Queuleu ? Et son fils à lui ? N'est-ce pas une énorme, une gigantesque faute ? Qu'avait-il besoin de faire cela ? De quel droit encombre-t-il ma maison de sa progéniture inutile, paresseuse, qui se prélasse tout le jour dans le jardin ou dans le salon ? Il y avait assez de lui pour nous encombrer, je n'avais pas besoin d'un double contre qui je me heurte dans les couloirs, un second Adrien, une caricature du premier. Pourquoi, demandez-lui pourquoi il avait besoin de se marier, Maame Queuleu, et pourquoi il a fait un enfant.

Adrien. – Demandez-lui, Maame Queuleu, pourquoi elle en a fait deux.

Mathilde. – Dites-lui bien que moi, je ne les ai pas faits, on me les a faits.

6 **insulter** beschimpfen – 6 **croiser qn** rencontrer qn – 8 **agacer** énerver – 10 **tousser** husten – 20 **n'importe quoi** irgendetwas – 23 **fauter** *ici:* avoir une relation sexuelle – 24 **sur le tard** *fam* tard dans la vie – 28 **encombrer** überfüllen, verstopfen – **la progéniture** les enfants – 29 **se prélasser** sich herumlümmeln – 31 **se heurter** sich stoßen, anrempeln

ADRIEN. – Son fils fréquente les cafés arabes des bas-fonds de la ville ; tout le monde le sait. C'est l'appel du sang. Le soleil d'Algérie a tapé sur la tête de ma sœur et la voilà devenue arabe, et son fils avec elle. Je ne veux pas que son fils entraîne le mien dans les bas-fonds, je ne veux pas que Mathieu fréquente les cafés arabes.

MARTHE. – On raconte en ville que les Arabes donnent des bonbons empoisonnés aux jeunes garçons et aux jeunes filles, qui se retrouvent à Marrakech dans des maisons closes.

ADRIEN. – Et puis, elle va finir par dénoncer mon fils aux autorités militaires. On l'a vue rôder en ville. Elle en est bien capable, car elle veut l'usine, et elle va envoyer mon fils se faire massacrer en Algérie. Mais l'usine, jamais, jamais !

MAAME QUEULEU. – Allez-vous arrêter ? Mathilde, vous êtes l'aînée. Embrassez votre frère ; faites cela pour moi.

MATHILDE. – Je l'embrasse tout de suite, Maame Queuleu. Mais savez-vous qu'il m'a frappée ? Pas plus tard que ce matin, pendant que je buvais mon thé, il m'a frappée, et la théière a volé en éclats. Doit-on tolérer cela ?

MARTHE. – C'était quand le diable l'habitait.

MAAME QUEULEU *(à Adrien)*. – Est-il vrai que vous l'avez frappée ? Pourquoi avez-vous fait cela ?

ADRIEN. – Je ne le sais plus, mais, si je l'ai fait, c'est que j'avais une raison, et sérieuse. Je ne frappe pas à tort et à travers.

MAAME QUEULEU. – Est-ce tout ? alors, réconciliez-vous. Adrien, vous me l'avez promis.

ADRIEN. – Tout de suite, bientôt, à l'instant. Mais encore une chose : savez-vous, Maame Queuleu, que hier, elle a frappé ma femme ? Ma pauvre Marthe, elle l'a frappée.

MARTHE. – Non, non, elle ne m'a pas frappée.

ADRIEN. – Je l'ai vue, j'ai entendu le coup, elle en a porté la marque pendant plusieurs heures.

MARTHE. – Elle ne m'a pas frappée, elle m'a châtiée parce que je suis méchante. C'était pour mon bien et j'en suis heureuse.

MATHILDE. – L'idiote.

ADRIEN *(à Mathilde)*. – Qu'est-ce que tu as dit ? *(Il s'approche de Mathilde.)*

1 **fréquenter (un endroit)** y aller souvent – **les bas-fonds** *m* Elendsviertel – 4 **entraîner** emmener – 7 **empoisonné,e** vergiftet – 8 **une maison close** Bordell – 9 **dénoncer qn** trahir qn – 10 **rôder** herumlungern – 17 **une théière** Teekanne (→ le thé) **voler en éclats** *m* zersplittern – 23 **à tort et à travers** sans réfléchir

MAAME QUEULEU. – Eh bien, oui, frappez-vous, défigurez-vous, crevez-vous les yeux, qu'on en finisse. Je vais aller vous chercher un couteau, pour aller plus vite. Aziz, apporte-moi le grand couteau de la cuisine, et prends-en deux pour faire bonne mesure ; je les ai aiguisés ce matin, cela ira plus vite. Ecorchez-vous, griffez-vous, tuez-vous une bonne fois, mais taisez-vous, sinon je vous couperai moi-même la langue en la prenant à la racine au fond de vos gorges pour ne plus entendre vos voix. Et vous vous battrez en silence, du moins, personne n'en saura rien, et on pourra continuer à vivre. Car vous ne vous battez que par des mots, des mots, des mots inutiles qui font du mal à tout le monde, sauf à vous. Ah, si je pouvais être sourde, tout cela ne me dérangerait pas. Car cela ne me dérange pas que vous vous battiez ; mais faites-le en silence, qu'on n'en sente pas les blessures, nous, autour de vous, dans notre corps et dans notre tête. Car vos voix deviennent chaque jour plus fortes et plus criardes, elles traversent les murs, elles font tourner le lait à la cuisine. Vivement le soir, quand vous boudez ; au moins, on peut travailler. Faites que le soleil se couche de plus en plus tôt, et qu'ils se détestent dans le silence. Moi, j'abandonne.
MATHILDE *(à Adrien)*. – J'ai dit : l'idiote. Elle est ivre morte. Elle va vomir sur mon tapis.

Adrien la frappe.

MAAME QUEULEU. – Aziz, Aziz ! *(Mathilde frappe Adrien.)* Edouard, Aziz, au secours ! *(Entre Aziz.)* Aziz, sépare-les. Allons, bouge-toi. Qu'est-ce que tu attends, Aziz ? Remue-toi.
AZIZ. – Non, je ne veux pas remuer, je ne suis pas payé pour remuer. Si je le faisais, on me le reprocherait ; et, si je ne le fais pas, on me le reprochera aussi, alors je préfère ne rien faire, j'aurai les reproches mais pas la fatigue.
MAAME QUEULEU. – Aziz, regarde-les.
AZIZ. – Je les vois, Maame Queuleu, je les vois. Mais qu'importe que les vieux se disputent, et qu'ai-je à faire là-dedans ? Ils ne me voient même pas ; la colère les emplit tellement qu'il n'y a plus de place pour

1 **se défigurer** *ici:* se battre – **crever qc** (aus)stechen – 4 **pour faire bonne mesure** um das Maß voll zu machen – **aiguiser** schärfen – 5 **s'écorcher** sich die Haut abziehen – **se griffer** sich zerkratzen – 7 **la langue** *ici:* Zunge – **la racine** Wurzel – 8 **du moins** au moins – 11 **sourd,e** qui n'entend rien –13 **une blessure** → (un) blessé 15 **criard,e** gellend, keifend (→ crier) – 16 **tourner** *ici:* sauer werden – **bouder** → la bouderie (schmollen) – 19 **ivre mort,e** völlig betrunken – 20 **un tapis** Teppich 24 **se remuer** bouger – 30 **qu'importe que** + *subj* was bedeutet es schon, wenn 32 **emplir** *litt* remplir (erfüllen)

me voir. Et, quand leur colère se calmera, c'est moi qu'ils verront en dernier, après les vases qu'ils auront cassés. Qu'ils se tapent donc, et, quand ils seront calmés, Aziz ramassera les morceaux.

Entre Edouard.

MAAME QUEULEU. – Edouard, je t'en supplie, je vais devenir folle.

Edouard retient sa mère, Aziz retient Adrien.

ADRIEN. – Tu crois, pauvre folle, que tu peux défier le monde ? Qui es-tu pour provoquer tous les gens honorables ? Qui penses-tu être pour bafouer les bonnes manières, critiquer les habitudes des autres, accuser, calomnier, injurier le monde entier ? Tu n'es qu'une femme, une femme sans fortune, une mère célibataire, une fille-mère, et, il y a peu de temps encore, tu aurais été bannie de la société, on te cracherait au visage et l'on t'enfermerait dans une pièce secrète pour faire comme si tu n'existais pas. Que viens-tu revendiquer ? Oui, notre père t'a forcée à dîner à genoux pendant un an à cause de ton péché, mais la peine n'était pas assez sévère, non. Aujourd'hui encore, c'est à genoux que tu devrais manger à notre table, à genoux que tu devrais me parler, à genoux devant ma femme, devant Maame Queuleu, devant tes enfants. Pour qui te prends-tu, pour qui nous prends-tu, pour sans cesse nous maudire et nous défier ?

MATHILDE. – Eh bien, oui, je te défie, Adrien ; et avec toi ton fils et ce qui te sert de femme. Je vous défie, vous tous dans cette maison, et je défie le jardin qui l'entoure et l'arbre sous lequel ma fille se damne, et le mur qui entoure le jardin. Je vous défie, l'air que vous respirez, la pluie qui tombe sur vos têtes, la terre sur laquelle vous marchez ; je défie cette ville, chacune de ses rues et chacune de ses maisons ; je défie le fleuve qui la traverse, le canal et les péniches sur le canal, je défie le ciel qui est au-dessus de vos têtes, les oiseaux dans le ciel, les morts dans la terre, les morts mélangés à la terre et les enfants dans le ventre de leurs mères. Et, si je le fais, c'est parce que je sais que je suis plus solide que vous tous, Adrien.

Aziz entraîne Adrien, Edouard entraîne Mathilde. Mais ils s'échappent et reviennent.

5 **supplier** anflehen – 7 **défier** provoquer – 9 **bafouer** *litt* se moquer de – 10 **calomnier** attaquer (verleumden) – **injurier** insulter – 11 **célibataire** qui n'a pas de mari, de femme – 12 **bannir** verbannen – 15 **forcer** obliger (zwingen) – **à genoux** *m* auf den Knien – **un péché** Sünde – 16 **une peine** *ici:* Strafe – 20 **sans cesse** sans arrêt **maudire** condamner – 23 **se damner** [dane] sein Seelenheil verspielen – 27 **une péniche** Lastkahn – 32 **s'échapper** entkommen, entwischen

MATHILDE. – Car sans doute l'usine ne m'appartient-elle pas, mais c'est parce que je n'en ai pas voulu, parce qu'une usine fait faillite plus vite qu'une maison ne tombe en ruine, et que cette maison tiendra encore après ma mort et après celle de mes enfants, tandis que ton enfant se promènera dans des hangars déserts où coulera la pluie en disant : C'est à moi, c'est à moi. Non, l'usine ne m'appartient pas, mais cette maison est à moi et, parce qu'elle est à moi, je décide que tu la quitteras demain. Tu prendras tes valises, ton fils, et le reste, surtout le reste, et tu iras vivre dans tes hangars, dans tes bureaux dont les murs se lézardent, dans le fouillis des stocks en pourriture. Demain, je serai chez moi.
ADRIEN. – Quelle pourriture ? Quelles lézardes ? Quelles ruines ? Mon chiffre d'affaires est au plus haut. Crois-tu que j'ai besoin de cette maison ? Non. Je n'aimais y vivre qu'à cause de notre père, en mémoire de lui, par amour pour lui.
MATHILDE. – Notre père ? De l'amour pour notre père ? La mémoire de notre père, je l'ai mise aux ordures il y a bien longtemps.
ADRIEN. – Ne touche pas à cela, Mathilde. Respecte au moins cela. Cela, au moins, ne le salis pas.
MATHILDE. – Non, je ne le salirai pas, cela est déjà très sale tout seul.
ADRIEN. – Je la tuerai.
EDOUARD *(entraînant Mathilde)*. – Arrête, maman, viens avec moi.
AZIZ *(entraînant Adrien)*. – Madame, Monsieur, est très en colère. Elle ne sait plus ce qu'elle dit. Personne ne parlerait ainsi de son père en sachant ce qu'il dit.

Ils sortent, puis Mathilde et Adrien s'échappent et reviennent.

ADRIEN *(retenu par Aziz)*. – Cela, tu le paieras, ma vieille ; cela, tu le paieras.
MATHILDE. – J'ai ce qu il faut pour payer, mais je ne paierai rien.
AZIZ. – Monsieur, j'ai mal aux bras de vous retenir. Est-ce que je dois vous assommer ? *(Il entraîne Adrien.)*
ADRIEN. – Je la tuerai.

Adrien et Aziz sortent.

EDOUARD. – Maman, s'il le faut, je te force à sortir.
MATHILDE. – Demain, je le vire.

Edouard et Mathilde sortent.

2 **faire faillite** *f* Bankrott machen – 5 **désert,e** sans habitant, vide – 9 **se lézarder** Risse bekommen – 10 **un fouillis** *fam* Wust, Kuddelmuddel – **le stock** Vorrat – **la pourriture** Fäulnis – 12 **le chiffre d'affaires** Umsatz – 16 **les ordures** *f* les déchets 18 **salir** rendre sale – 29 **assommer** tuer – 33 **virer qn** mettre qn à la porte

Maame Queuleu. – Marthe, ma pauvre enfant, nous sommes bien malheureuses. Ils s'aimaient tant quand ils étaient petits.

Marthe. – Apporte-moi à boire, je suis si fatiguée. Joséphine, je t'en prie, va me chercher une bouteille de porto.

Maame Queuleu. – Il est encore trop tôt, ma petite fille.

Marthe. – Ah, Joséphine, Joséphine, ma bonne amie. Si tu n'étais pas là, le monde s'écroulerait. Tire-moi de cet enfer, je t'en supplie. Tu es une sainte. Quand nous serons mortes toutes les deux, que tu seras au ciel et moi en enfer à cause de tout le mal que j'ai fait, lance-moi une corde, tire-moi jusqu'à toi, car, si toi tu ne le fais pas, qui le fera ? Ma sœur Marie ne me regardera même pas, tous les autres ont trop de malheur pour se souvenir de moi, et Aziz, le généreux Aziz, sera dans les limbes parce qu il n'est pas baptisé, et il n'y a pas de communication entre l'enfer et les limbes. Je ne veux pas être oubliée dans l'enfer pour l'éternité comme je suis oubliée pendant ma courte vie. Promets-moi de me tirer à toi, Joséphine.

Maame Queuleu. – Je ne sais pas, ma pauvre Marthe, je ne sais pas si le ciel existe.

Marthe. – Que dis-tu ?

Maame Queuleu. – S'il existait, on en aurait bien un écho, ici, une petite impression, l'ombre du ciel sur la terre, des bouts, un petit reflet. Mais il n'y a rien, que des bouts de l'enfer.

Marthe. – Allons chercher à boire.

Elles sortent.

7

Très loin, chanson paillarde des parachutistes marchant au pas.

Adrien *(au public)*. – Mathilde me dit que je ne suis pas tout à fait un homme, que je suis un singe. Peut-être suis-je, comme tout le monde, à mi-distance entre le singe et l'homme. Peut-être suis-je un petit peu plus singe qu'elle, et peut-être Mathilde est-elle un peu plus humaine que moi ; elle est sûrement plus rusée ; mais moi je cogne plus fort. Comme un vieux singe accroupi au pied d'un humain qu'il contemple,

4 **le porto** un vin doux du Portugal – 7 **s'écrouler** zusammenbrechen – 12 **généreux, -euse** großzügig – 13 **les limbes** *f* Vorhölle – **baptiser** [batize] taufen – 15 **l'éternité** *f* → éternel – 25 **paillard,e** anzüglich, zotig – 29 **humain,e** menschlich – 30 **rusé,e** schlau, gerissen – **cogner** *fam* frapper, taper – 31 **s'accroupir** sich kauern, niederhocken

je me sens bien dans ma peau de singe. Je n'ai pas envie de jouer à l'humain, je ne vais pas commencer maintenant. D'ailleurs, je ne sais pas comment on fait, je n'en ai que trop peu rencontré.

Quand mon fils est né, j'ai élevé de grands murs tout autour de la maison. Je ne voulais pas que ce fils de singe voie la forêt et les insectes et les animaux sauvages et les pièges et les chasseurs. Je n'enfile mes chaussures que pour l'accompagner dans ses sorties et le protéger dans la jungle. Les singes les plus heureux sont ceux qui sont élevés en cage, avec un bon gardien, et qui meurent en croyant que le monde entier ressemble à leur cage. Tant mieux pour eux. Voilà un singe de sauvé. Mon babouin à moi, du moins, je l'aurai protégé.

En cachette, les singes aiment à contempler les hommes, et, en douce, les hommes n'arrêtent pas de jeter des coups d'œil aux singes. Parce qu'ils sont de la même famille, à des étapes différentes ; et ni l'un ni l'autre ne sait qui est en avance sur qui ; personne ne sait qui tend vers qui ; sans doute est-ce parce que le singe tend indéfiniment vers l'homme, et l'homme indéfiniment vers le singe. Quoi qu'il en soit, l'homme a davantage besoin de regarder le singe que de regarder les autres hommes, et le singe de regarder les hommes que les autres singes. Alors, ils se contemplent, se jalousent, se disputent, se donnent des coups de griffes et des coups de gueule ; mais ils ne se quittent jamais, même en esprit, et ils ne se lassent pas de se regarder.

Quand Bouddha rendait visite aux singes, il s'asseyait au milieu d'eux, le soir, et il leur disait : Singes, conduisez-vous comme il faut, conduisez-vous en humains et non pas en singes, et alors, un matin, vous vous réveillerez humains. Alors les singes, naïfs, se conduisaient en humains : ils essayaient de se conduire comme ils croyaient qu'il faut qu'un humain se conduise. Mais les singes sont trop bons et trop bêtes. Alors, tous les soirs ils espèrent, ils se couchent avec le doux et tranquille sourire de l'espoir. Et tous les matins ils pleurent.

Je suis un singe agressif et brutal, et je ne crois pas aux contes de Bouddha. Je ne veux pas espérer le soir, car je ne veux pas pleurer le matin.

4 **élever** *ici:* (faire) construire – 6 **un chasseur** → chasser – 9 **un gardien** Aufseher, Wärter – 10 **tant mieux** umso besser – 11 **un babouin** Pavian – **du moins** au moins 12 **en cachette** heimlich (→ se cacher) – **en douce** *fam* sans qu'on le remarque – 15 **être en avance** jdm voraus sein (→ avancer) – 16 **indéfiniment** toujours – 17 **quoi qu'il en soit** wie dem auch sei – 20 **se jalouser** être jaloux l'un de l'autre – 21 **une griffe** Kralle – **une gueule** *fam* la bouche – 22 **se lasser de faire qc** müde werden, etw zu tun – 24 **se conduire en** sich benehmen wie

III 'ICHÂ

8

Le jardin. La nuit.
Entrent Fatima et Mathieu.

FATIMA. – Va-t'en, Mathieu. Arrête de te serrer à moi. Tout est bon, depuis que je suis ici, pour que tu me serres et me touches. N'oublie pas que nous sommes cousins, et il ne faut pas se toucher comme tu me touches lorsqu'on est de la même famille.

MATHIEU. – Nous ne sommes pas de la même famille. La famille n'existe que pour l'héritage, de père à fils. Tu n'hériteras pas de mon père, je n'hériterai pas de toi ; donc, si l'envie me prend de te toucher, je ne vois pas où est l'obstacle. Nous ne sommes pas venus par la même femme, tu ne connais pas ton père et moi je connais le mien ; rien ne nous réunit. Jusqu'où faut-il remonter pour se sentir libre ? A partir de quand est-on étranger l'un à l'autre ? Combien de générations faut-il franchir pour que les liens de famille soient coupés ?

FATIMA. – Le monde est plein de femmes. Pourquoi serait-ce moi que tu devrais serrer et toucher tout le temps ? Je n'en ai pas envie. Tu es trop mon cousin pour que j'en aie envie ; et de toute facon, cousin ou pas, famille ou non, je n'aime pas être touchée, par personne.

MATHIEU. – Il n'y a pas tant de femmes que cela.

FATIMA. – Plus de la moitié du monde, et c'est moi que tu viens embêter.

MATHIEU. – Alors, il faudrait au moins deux mots pour dire le mot femme. Maame Queuleu est une femme ; elle passe et repasse devant moi et je ne la vois même pas ; même dans l'imagination je ne la vois pas autrement qu'elle n'est, mal vêtue et les chiffons à la main. Pourquoi désigne-t-on Maame Queuleu et toi-même du même nom de femme, alors qu'il n'y a aucune espèce de ressemblance entre vous ? Toi, bien que tu sois couverte comme en plein hiver alors qu'il fait tiède et doux, toi, je te vois autrement, dans l'imagination et dans la réalité, et j'ai envie, en plus, de te regarder comme je n'ai jamais regardé de femme.

FATIMA. – Tu as trente ans et tu n'as jamais regardé de femme ?

10 **un obstacle** Hindernis – 12 **remonter** zurückgehen – 14 **franchir** überschreiten, hinter sich bringen – **un lien** une relation (→ lier) – 20 **embêter** énerver (anöden) – 24 **vêtu,e** habillé (→ un vêtement) – **un chiffon** Lappen – 25 **désigner** appeler – 26 **aucune espèce de** + *nom* überhaupt keine – **une ressemblance** → ressembler – 27 **tiède** mild – **doux** *ici:* ≠ froid

Mathieu. – Je n'ai pas encore trente ans, et j'ai vu beaucoup de femmes dans ma vie, à commencer par Maame Queuleu que je vois tout le temps depuis ma naissance. Mais cela fait un certain temps que je suis privé de femmes à regarder, car elles ne viennent pas à la maison.

Fatima. – Eh bien, sors, va dans les bas quartiers. Il y a plein de femmes que l'on paie pour qu'elles se laissent regarder et, si tu mets un peu plus d'argent, elles se laissent même toucher ; elles le feront bien volontiers car tu n'es pas si laid et tu as de l'argent.

Mathieu. – Mais je sors, Fatima, je sors, je n'arrête pas de sortir. Je suis beaucoup sorti, dans ma vie, à commencer par l'église, et même l'usine, qui est très loin et que j'ai visitée, car j'en hériterai. Mais cela fait un certain temps que je ne suis pas sorti, car je n'ai pas le temps, et je n'ai pas tant d'argent que cela, pour l'instant du moins.

Fatima. – Et moi, je n'ai pas envie de te faire gagner du temps ni économiser de l'argent. Va-t'en, Mathieu. Voilà maman et, si elle te voit avec moi, tu peux être sûr qu'elle va te passer un savon.

Mathieu. Qu'elle vienne donc, celle-là ! Un bon coup dans la gueule lui fermera le bec. Son air de tout fouiller m'énerve depuis assez longtemps, et je vais lui montrer qui je suis.

Entre Mathilde.

Mathilde. – Fatima, je te cherchais. Mais, à présent que je te vois avec ton cousin, je suis bien rassurée. J'aime que vous soyez amis tous les deux, car Mathieu est un garçon sage, pondéré, réfléchi, et cette petite sauvage a bien besoin de sagesse. Mathieu, mon petit Mathieu, la soirée est douce, passons-la dans le jardin à nous promener et à bavarder doucement.

Mathieu. – J'aurais beaucoup aimé, ma tante, car je trouve votre compagnie très agréable, moi aussi. Mais il faut que je travaille, et je disais à Fatima que, même si la tiédeur du temps nous donne envie de flâner, il faut se forcer à s'en priver, parfois, au profit de l'étude.

Mathilde. – Mathieu, Mathieu, mets donc ce plomb-là dans la cervelle de mes deux enfants. Va, je ne t'empêcherai pas d'étudier. *(Mathieu sort.)* Fatima, je ne veux pas que tu traînes dans ce jardin la nuit

4 **être privé,e de** ne pas avoir la possibilité de – 5 **les bas quartiers** Armenviertel 8 **volontiers** gern (→ la volonté) – **laid** → la laideur – 16 **passer un savon à qn** *fam* jdm die Leviten lesen – 18 **fouiller** durchsuchen – 21 **à présent** maintenant – 23 **sage** weise – **pondéré,e** *litt* calme, équilibré (besonnen) – 24 **la sagesse** → sage – 28 **la compagnie** le fait d'être avec qn – 29 **la tiédeur** → tiède – 30 **flâner** se promener **parfois** quelquefois – **au profit de** zugunsten von (→ profiter de qc) – 31 **mettre du plomb dans la cervelle de qn** *fam* jdn zur Vernunft bringen

Fatima, moi-même j'y ai traîné jadis, et j'y ai traîné une nuit de trop et cela a donné ton frère, et je n'ai même pas vu le visage de celui qui m'a fait ce cadeau-là. Fatima, il y a des gens qui sautent le mur et guettent une femme qui s'égare là, et, après, tu te retrouves avec un cadeau dont tu n'as pas voulu. Les jardins de cette ville sont dangereux, car il y a la garnison, et les militaires sautent les murs des jardins pour faire des cadeaux. Fatima, es-tu seule ?

FATIMA. – Je suis seule, mais j'attends quelqu'un, et ce n'est pas un militaire de la garnison. Il ne faut pas que tu restes.

MATHILDE. – Fatima, laisse-moi la voir. Je me cacherai là derrière, je ne ferai pas de bruit, mais laisse-moi la voir, car, depuis quinze ans qu'elle est morte, je ne suis pas fatiguée de la regretter.

FATIMA. – Regarde, maman, derrière le noyer. Ne vois-tu pas cette lumière ?

MATHILDE. – Je ne vois rien.

FATIMA. – Regarde bien. Ne vois-tu pas un bout de robe blanche ? Elle hésite à se montrer.

MATHILDE. – Fatima, je ne vois rien.

FATIMA. – Ne sens-tu pas un grand froid ? Un froid terrible ?

MATHILDE. – Le froid, oui, je le sens ; un froid terrible.

FATIMA. – C'est elle, c'est Marie. Cache-toi mieux, elle a peur.

MATHILDE. – Pourquoi aurait-elle peur ? Je suis Mathilde et je suis sa meilleure amie.

FATIMA. – Elle va croire que je l'ai trahie. Va-t'en.

MATHILDE. – Marie, c'est moi, Mathilde. Serait-ce la vieille Mathilde qui te fait peur ? Mais, même vieillie, c'est moi, Marie. Pardonne-moi ma vieillesse. Tu es morte à temps, mais tu as toujours été plus fine que moi. *(A Fatima :)* Elle est encore là ?

FATIMA. – Elle est là.

MATHILDE. – En entier ? Est-ce que tu la vois en entier ?

FATIMA. – Oui, en entier maintenant. Elle est bien là et elle te regarde.

MATHILDE. – Tu es bien sûre ?

FATIMA. – Elle te regarde, oui.

MATHILDE. – Fiche-moi la paix, Marie. Je ne veux pas que tu me regardes ; je ne veux pas que tu te souviennes de moi et je ne veux pas me souvenir de toi. Pourquoi les choses ne nous sortent-elles pas de la tête quand on les prie de sortir ? Pourquoi n'a-t-on pas le choix ?

2 **donner** *ici:* être la cause de – 3 **guetter** observer (auflauern) – 13 **le noyer** l'arbre dont le fruit est la *noix* (Nuss) – 27 **la vieillesse** → vieux – **à temps** au bon moment **fin,e** *ici:* intelligent, rusé – 34 **ficher la paix à qn** *fam* laisser qn tranquille

C'est comme si je te voyais, avec ta figure de sainte nitouche, ton allure de petite innocente qui m'a suivie tout le temps, quand j'étais dans la merde, surtout quand j'étais dans la merde. Qu'est-ce que tu fichais là ? Qu'est-ce que tu fichais, toujours près de moi, toujours entre Adrien et moi, toujours près d'Adrien ? Tu l'as eu ; tu t'es collée à lui, tu t'es collée à moi ; qu'est-ce que tu fiches à nous coller tous les deux tout le temps ? Qu'est-ce que tu fichais, dans ma tête, en Algérie, alors que tu n'es jamais sortie de ta maison, sauf pour traverser la rue et épouser ce gorille que tu convoitais depuis toujours ? Et puis tu n'es pas sortie de sa maison jusqu'à ce que tu te défiles, jusqu'à ce que tu te débrouilles pour te carapater de la vie, jusqu'à ce que tu décampes pour ne pas salir, comme tout le monde, tes mains et ta petite figure innocente à la merde de la vie. *(A Fatima :)* Elle est là, encore ?
FATIMA. – Elle est là, et elle pleure.
MATHILDE. – Eh bien, qu'elle pleure, qu'elle en pleure donc des litres ! Que les morts servent au moins à cela, à pleurer et avoir honte devant nous. De quoi se plaint-elle donc ? Elle est casée, elle. Elle sait où elle habite, dans la patrie des vierges et des petits saints. Elle est tranquille, personne ne vient l'embêter, alors elle tue le temps à embêter les autres. Pourquoi les morts deviendraient-ils tout d'un coup, rien qu'en mourant, si vertueux, si beaux, si respectables ? Je suis sûre qu'elle n'était pas si belle que cela, ni aussi gentille que dans mon souvenir. En tous les cas, elle ne le serait pas restée longtemps.
FATIMA. – Elle part, maman, elle se détourne, elle disparaît de nouveau derrière l'arbre.
MATHILDE. – Qu'elle disparaisse donc, qu'elle aille se coucher dans son lit de coton, qu'elle aille chanter avec les anges des cantiques et qu'elle nous laisse dans la merde, seuls, sans maison, sans toit, sans patrie !
FATIMA. – Elle s'est enfuie, maman, tu lui as fait peur.

Fatima sort.

MATHILDE. – Quelle patrie ai-je, moi ? Ma terre, à moi, où est-elle ? Où est-elle la terre sur laquelle je pourrais me coucher ? En Algérie, je suis une étrangère et je rêve de la France ; en France, je suis encore plus étrangère et je rêve d'Alger. Est-ce que la patrie, c'est l'endroit où

1 **une sainte nitouche** Unschuldsengel, Pflänzchen Rührmichnichtan – **une allure** un comportement – 3 **être dans la merde** *pop* in der Scheiße stecken – **ficher** *fam, ici:* faire – 5 **se coller à qn** sich an jdn hängen – 9 **convoiter qn** jdn begehren – 10 **se défiler** *fam* s'en aller – 11 **se carapater** *fam* s'enfuir – **décamper** s'enfuir – 17 **être casé,e** avoir trouvé sa place – 21 **vertueux, -euse** tugendhaft – 24 **se détourner** changer de direction – 27 **une cantique** un chant religieux

l'on n'est pas ? J'en ai marre de ne pas être à ma place et de ne pas savoir où est ma place. Mais les patries n'existent pas, nulle part, non. Marie, si tu pouvais mourir une seconde fois, je souhaiterais ta mort. Chante tes cantiques, vautre-toi dans le ciel ou dans l'enfer, mais restes-y vautrée, débarrasse-moi de toi.

Elle sort.

9

Couloir.
Borny sort d'une porte entrouverte.
Puis, Plantières.

PLANTIÈRES. – Vous partez, vous fuyez, Borny.

BORNY. – Je ne pars pas, Plantières, je ne pars pas. J'ai oublié quelque chose dans ma voiture.

PLANTIÈRES. – Quoi ? Quelle chose ? Qu'avez-vous besoin de quelque chose qui soit dans votre voiture ?

BORNY. – Ma sacoche ; ma serviette. J'ai oublié ma serviette dans la voiture.

PLANTIÈRES. – Et c'est pour chercher votre serviette dans votre voiture que vous avez profité d'un moment d'inattention de nous tous pour filer à l'anglaise ?

BORNY. – A l'anglaise ? Comment cela, à l'anglaise ? Il ne s'agit pas de cela. D'habitude, j'attache mes lunettes à un cordon autour du cou et, cette fois-ci, j'ai perdu le cordon. Je n'entends rien quand je n'ai pas mes lunettes, et cette discussion est trop importante. Permettez, Plantières, que j'aille chercher mes lunettes.

PLANTIÈRES. – Parce que ce sont vos lunettes, maintenant, que vous allez chercher ? Savez-vous bien ce que vous allez chercher ?

BORNY. – Mes lunettes qui sont dans ma serviette qui est dans ma voiture, oui. Plantières, vous m'insultez.

PLANTIÈRES. – Pas le moins du monde, Borny. Mais je tiens à vous accompagner jusqu'à votre voiture.

BORNY. – Et pourquoi m'accompagneriez-vous ?

1 **en avoir marre de** *fam* en avoir assez de – 2 **nulle part** nirgendwo – 4 **se vautrer** sich bequem niederlassen – 8 **entrouvert,e** qui est ouvert à demi – 15 **une sacoche** un sac (Umhängetasche) – 19 **filer à l'anglaise** partir en secret – 21 **un cordon** → une corde (Schnur, Band) – **le cou** Hals – 28 **insulter qn** jdn beleidigen – 29 **tenir à** Wert legen auf

PLANTIÈRES. – Pour être sûr que vous ne vous perdrez pas en chemin.

BORNY. – Vous doutez de moi, Plantières, et j'en suis blessé. Je viens de dire et de répéter que votre idée est excellente et que je l'approuvais.

PLANTIÈRES. – Votre idée, dites-vous. Que signifie ce « vous » ? Il a bien sale allure. Vous excluez-vous de ce « vous » ?

BORNY. – Pas le moins du monde ; et, à l'heure dite, j'applaudirai des deux mains.

PLANTIÈRES. – Vous applaudirez, tiens donc ! Où applaudirez-vous ? Dans le secret de votre chambre, vous applaudirez ? La porte bien fermée pour que personne n'entende ? Avec, pour seul témoin, votre canari ? Qu'est-ce qu'on a à faire de vos applaudissements ?

BORNY. – Plantières, je vais vous frapper.

PLANTIÈRES. – Frappez-moi.

BORNY. – Je vais le faire, je vous le jure.

PLANTIÈRES. – Faites, faites, et ne jurez plus.

De la porte sortent Adrien, Sablon, puis quelques hommes.

ADRIEN. – Quel bruit, quel vacarme, quel bordel !

BORNY. – Plantières m'insulte.

PLANTIÈRES. – Borny s'enfuit.

BORNY. – Il ment.

PLANTIÈRES. – Il se dégonfle.

SABLON. – Allons, messieurs, allons. Je ne veux pas entendre parler de discorde dans notre organisation.

PLANTIÈRES. – A l'heure de la décision, Monsieur le préfet, Borny a soudain oublié ses lunettes dans sa voiture.

ADRIEN. – Ses lunettes ? Vous portez des lunettes, Borny ?

BORNY *(à Sablon)*. – Monsieur le préfet, comprenez-moi. Vous savez bien que je n'ai jamais reculé au moment de l'action. Mais, cette fois, dans ma position, et dans votre propre intérêt, je ne veux pas y être mêlé, directement, veux-je dire. Dans l'esprit, pour l'idée, vous savez très bien, messieurs, que je suis avec vous.

PLANTIÈRES. – Qu'est-ce que l'esprit vient faire là-dedans ? Qu'avons-nous besoin de vous pour l'esprit ? Il s'agit de faire sauter le café Saïfi.

1 **douter de qn** an jdm zweifeln – 3 **approuver qc** trouver bon, accepter – 5 **s'exclure** sich ausschließen – 6 **à l'heure dite** au bon moment – 8 **tiens donc!** sieh mal an! 11 **un canari** Kanarienvogel – 17 **un vacarme** un grand bruit – **quel bordel!** *fam* welch ein Durcheinander! – 21 **se dégonfler** *fam* Bammel kriegen, kneifen – 23 **la discorde** *litt* Zwietracht, Unfrieden – 24 **une décision** → décider – 25 **soudain** tout à coup – 30 **être mêlé,e à qc** in etw. verwickelt sein – **l'esprit** *m* Geist – 33 **faire sauter** *fam* in die Luft jagen

ADRIEN. – Cessez ces hurlements, ou je vous mets tous à la porte.

BORNY. – Eh bien, oui, justement. Les intentions sont justes, sans doute. Mais avez-vous bien regardé ce voyou que vous chargez de cette tâche ? Il fera sauter le café même s'il y a du monde dedans. Je ne veux pas avoir la conscience éclaboussée de sang. Ah, mon cher Adrien, où est le temps où les anarchistes préféraient sauter avec leur bombe que de risquer de blesser un enfant ?

SABLON. – Taisez-vous donc. Où vous croyez-vous ? Rentrons dans la pièce.

PLANTIÈRES. – Vous aussi, Borny.

BORNY. – Plantières, je vous jure que je vais vous frapper.

PLANTIÈRES. – Jurez, jurez, cela fait moins de mal qu'un coup.

SABLON. – Borny, taisez-vous.

BORNY. – Pourquoi moi ? Pourquoi toujours moi ?

ADRIEN. – Silence !

Ils entrent dans la pièce. Adrien ferme la porte.

10

Le mur d'enceinte, la nuit.
Mathieu et Edouard.

MATHIEU. – Quel monde merveilleux, et comme il est bien fait ! Même ce mur m'a l'air d'avoir été construit tout exprès pour que j'aie le plaisir de le sauter. Regarde, Edouard : la nuit tombe, cette bonne grosse ville s'endort comme une mémère fatiguée, et la place est à nous. Et maintenant tu me dis qu'il y a même des endroits où l'on voit des femmes, où elles se laissent toucher ? Ici, dans cette ville ? Moi qui vis ici depuis plus de vingt-cinq ans, je ne le savais pas, et toi tu as déjà découvert tout cela. Mon bon Edouard, tu n'es pas fort en muscles, mais tu es musclé de la tête. Cependant, ne me dis plus que le monde est mal fait. Sens cette douce température qui excite les sens. S'il était si mal fait, ce serait le froid et l'hiver qui vous exciteraient, et l'on serait forcé de satisfaire son excitation dans l'encombrement des

1 **cesser** arrêter – **les hurlements** *m* → hurler – 2 **sans doute** wahrscheinlich **charger qn de qc** jdn mit etw. beauftragen – 4 **une tâche** un devoir – **du monde** des gens – 5 **la conscience** Gewissen – **éclaboussé,e** *ici:* befleckt – 12 **un coup** *ici:* Prügel, Schläge – 17 **un mur d'enceinte** un mur qui entoure un terrain – 22 **une mémère** *fam* une grand-mère – 26 **un muscle** Muskel – 30 **satisfaire** befriedigen **un encombrement** *ici:* Überladung

habits et tout en grelottant. Tandis que le monde est si bien fait qu'à la chaleur de la bête correspond la chaleur de l'air, que la chaleur de l'air pousse à se dévêtir, et qu'alors, Edouard, la bête toute nue est prête à faire son affaire. Courons, Edouard.

EDOUARD. – Même le plus petit village a son bordel, trou du cul, et ceux d'ici ne vont pas s'enfuir si l'on prend notre temps. De toute façon, il nous faut attendre Aziz, qui doit nous conduire rue du Caire où sont les meilleurs. Moi, j'ai tout simplement demandé à Aziz, comme tu aurais pu le faire depuis vingt-cinq ans. Mais il est vrai que, si tu as de gros muscles, tu as une toute petite cervelle, et je ne sais pas comment tu t'es débrouillé pendant tout ce temps. Pourtant, tu n'es pas si mal de figure, et tu as l'air en pleine santé.

MATHIEU. – De la santé, petit Edouard, cela est vrai, j'en ai. Regarde comme je saute ce mur. Je le sauterais dix fois avant que tu aies réussi à grimper dessus. C'est important d'être fort ; à quoi sert une grosse cervelle, à quoi sert d'être malin si l'on est fragile ? Viens là, petit Edouard, je vais te porter là-dessus et te descendre de l'autre côté sans que tu remarques rien, et moi non plus d'ailleurs, car tu es léger comme un bébé. Regarde ces muscles, regarde comme ils sont bien entretenus. Je crois que les femmes les aimeront bien. Toi, mon pauvre Edouard, pourquoi ne portes-tu pas un peu d'attention à ton corps ? Comment veux-tu tenter les femmes avec ces petits bras rachitiques et ce cou de héron ? Edouard, tu es mon ami et je m'occuperai de ton entraînement. Avec quelques mois et quelques mois de patience, on pourrait peut-être bien doubler le volume de ce petit corps de serpent.

EDOUARD. – Je ne veux rien doubler du tout, j'ai assez de ce que j'ai, c'est largement suffisant, je me débrouille avec ce corps-là. De toute façon, ce corps auquel tu portes tant de soin se renouvelle sans arrêt, ces cellules que tu entretiens au prix de tant d'effort partiront demain avec l'eau et le savon ; et, au bout de sept ans, plus rien de toi ne restera de ce dont tu es fait aujourd'hui ; il n'aura servi à rien de passer deux heures chaque matin à l'entraînement.

MATHIEU. – Sept années, c'est très long, et mes heures d'entraînement me serviront du moins à plaire aux femmes, car je leur plairai, cela est sûr. Courons, Edouard.

1 **les habits** *m* les vêtements – **grelotter** trembler de froid – 2 **une chaleur** *ici:* Brunft (→ chaud) – 3 **se dévêtir** enlever ses vêtements – 4 **faire son affaire** *ici:* es treiben – 6 **prendre son temps** sich Zeit nehmen – 15 **grimper** klettern – 16 **malin, maligne** *ici:* rusé – 22 **le corps** Körper – **tenter qn** verführen – **rachitique** [-ʃ-] rachitisch, schwächlich – 23 **un héron** Reiher – 24 **l'entraînement** *m* les exercices sportifs – 25 **doubler** verdoppeln – **un volume** Umfang – **un serpent** Schlange 28 **le soin** → soigner – **se renouveler** *ici:* sich weiterentwickeln – **une cellule** Zelle

EDOUARD. – Aziz n'est pas encore là.

MATHIEU. – Aziz m'ennuie. Il est sombre et râleur, et, même lorsqu'il va pour s amuser, il est si triste que, s'il ne m'avait pas dit le contraire, je croirais qu'il n'aime pas les femmes. Pourquoi va-t-il au bordel comme à la corvée de bois ?

EDOUARD. – Quand tu y auras été un certain nombre de fois, tu iras toi aussi chaque fois un peu moins vite et un peu moins gaiement.

MATHIEU. – En attendant, allons à la corvée, au travail, au travail ; soulevons ce fardeau, conduisons-nous en forçats, j'aime ce genre de peine et je veux bien la souffrir. A la corvée, à la corvée !

Entre Aziz.

AZIZ. – Vous faites les singes en haut de ce mur, et vous allez réveiller le quartier. Silence, je ne veux pas d'histoires avec vos familles.

MATHIEU. – Aziz, mon bon Aziz, si tu aimes les femmes, pourquoi fais-tu cette tête-là ?

AZIZ. – Je n'ai pas dit que j'aimais les femmes, j'ai dit que je les baisais.

MATHIEU. – En tout les cas, nous y allons, Aziz, et le monde est parfait.

AZIZ. – Je ne sais pas comment est le monde, mais je sais que vous allez réveiller vos familles. Venez : je vois la lumière d'une chambre, dans la maison, qui vient de s'allumer.

MATHIEU. – C'est la chambre de Maame Queuleu. La vieille a des insomnies. La vieille regrette sa jeunesse et de ne pas en avoir profité.

AZIZ. – Je vous conduis rue du Caire, et puis je vous y laisserai, car je ne vais pas aux femmes aujourd'hui. Je vous attendrai au café Saïfi, qui est juste à côté.

EDOUARD. – Accompagne-nous, Aziz. Je ne veux pas rester seul avec cet imbécile.

AZIZ. – Dépêchez-vous, dépêchez-vous. Une autre lumière vient de s'allumer. Je ne suis pas de la famille, moi, et on me renverra si l'on me surprend à vous débaucher.

MATHIEU. – C'est ta mère, Edouard ; je crois qu'elle va voir si tu es dans ton lit, avec ton chien de peluche. Edouard, cours vite, ta petite mère va se mettre à la fenêtre.

2 **sombre** *ici:* trübsinnig – **râleur, -euse** *fam* qui n'est jamais content et qui le dit sans arrêt – 5 **la corvée de bois** travail pénible et inévitable – 9 **soulever** *ici:* auf sich nehmen – **un fardeau** Last, Bürde – **un forçat** zur Zwangsarbeit verurteilter Sträfling – 16 **baiser qn** *pop* faire l'amour à qn – 22 **une insomnie** Schlafstörung – **la jeunesse** → jeune – 30 **débaucher qn** *ici: fam* tenter qn – 32 **la peluche** Plüsch

EDOUARD. – Et là-haut, cette autre qui vient de s'éclairer, c'est la chambre de qui ?
MATHIEU. – C'est la chambre de papa. Filons.

Ils sortent.

11

Véranda. Adrien.
Surgit Le grand parachutiste noir.

PARACHUTISTE. – Tout le monde dort, dans cette maison, colonel.
ADRIEN. – Ne m'appelez pas colonel, je ne suis pas un militaire. Qui êtes-vous ? Comment êtes-vous entré ?
PARACHUTISTE. – Cette ville me semble endormie, bourgeois. Est-ce qu'elle est désertée ?
ADRIEN. – Comment êtes-vous entré ?
PARACHUTISTE. – Par le ciel, évidemment. On est venus cette nuit ; l'armée est là, bourgeois. Pas celle qui rampe sur les pavés, pas celle qui roule à l'abri des blindages, pas celle qui bavarde dans les bureaux, pas l'armée des corvées de chiottes, mais celle qui veille entre la terre et le ciel. Moi, je suis descendu du ciel comme un petit flocon de neige en plein été pour que vous puissiez dormir tranquilles, à l'abri. Car tu crois peut-être que l'épaisseur de tes murs te protège ? Tu crois peut-être que ta fortune te protège ? Mais tout cela volerait en éclats d'un seul coup de flingue que je te mettrais entre les deux yeux.
ADRIEN. – Vous avez bu, militaire. Je parlerai à vos officiers.
PARACHUTISTE. – Parle, bourgeois, parle, mais respecte-moi.
ADRIEN. – Je vous respecte, mon garçon, mais pourquoi m'agressez-vous ? N'êtes-vous pas venu pour nous apporter la sécurité ?
PARACHUTISTE. – Il faut d'abord porter le trouble, si l'on veut obtenir la sécurité.
ADRIEN. – Eh bien, alors, bienvenue, bienvenue, militaire ! Je suis un petit bourgeois tranquille et je respecte l'armée.
PARACHUTISTE. – Respecte-la, oui ; c'est elle qui t'enrichit.
ADRIEN. – Et c'est moi qui te paie, militaire.

3 **filer** *fam* s'en aller – 7 **un colonel** Oberst – 14 **ramper** kriechen – **un pavé** (Straßen)Pflaster – 15 **un blindage** Panzerung – 16 **les chiottes** *f, pop* les toilettes **veiller** → surveiller (wachen) – 19 **l'épaisseur** *f* Dicke, Stärke (→ épais) – 21 **un flingue** *fam* Flinte – 26 **le trouble** la confusion

PARACHUTISTE. – Moins que ton domestique, moins que rien. De quoi s'acheter des cigarettes. Et pourtant c'est moi qui te permets d'engraisser et de calculer et de faire de la politique. Nous, les militaires, nous sommes le cœur et les poumons de ce monde, et vous, les bourgeois, vous en êtes les intestins.

ADRIEN. – Tu es très excité, mon garçon.

PARACHUTISTE. – Excité, excité, excité, oui.

ADRIEN. – Alors, bienvenue à ton excitation ! Mais sache que cette ville est une petite ville calme, tranquille, qui a l'habitude de ses soldats. Votre place à vous, soldats, est à l'intérieur des murs de vos casernes. Soyez sages, soyez tranquilles, et la ville vous aimera, la ville prendra soin de vous. Rentrez dans votre caserne, à présent.

PARACHUTISTE. – Où sont les femmes ?

ADRIEN. – Pardon ?

PARACHUTISTE. – Les femmes ? Femelles, poules, chèvres, vaches, lapines, chattes, chattes, où les avez-vous cachées ? Je les sens ; je sens qu'il y a de la femme par ici. Pousse-toi, bourgeois.

ADRIEN. – Du calme, mon garçon, du calme !

PARACHUTISTE. – Pas de calme. Nous sommes là, bourgeois. Où sont les femmes ?

ADRIEN. – Il n'y a ici que des dames.

PARACHUTISTE. – T'inquiète pas, papa, j'en ferai des femmes. Cachez vos chèvres, l'armée lâche ses boucs.

ADRIEN. – N'aimes-tu pas ce pays ? N'aimes-tu pas cette terre ? Es-tu un sauvage venu pour la piller, ou un militaire pour la garder ?

PARACHUTISTE. – J'aime cette terre, bourgeois, mais je n'aime pas les gens qui la peuplent. Qui est l'ennemi ? Es-tu un ami ou un ennemi ? Qui dois-je défendre et qui dois-je attaquer ? Ne sachant plus où est l'ennemi, je tirerai sur tout ce qui bouge.
J'aime cette terre, oui, mais je regrette les temps anciens. Moi, j'ai la nostalgie de la douceur des lampes à l'huile, de la splendeur de la marine à voiles. J'ai la nostalgie de l'époque coloniale, des vérandas et du cri des crapauds-buffles, l'époque des longues soirées où, dans les domaines, chacun à sa place s'allongeait dans le hamac, se balançait sur le rocking-chair ou s'accroupissait sous le manguier, chacun à sa

3 **calculer** rechnen, kalkulieren –4 **le poumon** Lunge – 5 **les intestins** *m* Eingeweide – 12 **à présent** maintenant – 15 **une femelle** Weibchen – **une chèvre** Ziege 23 **un bouc** (Ziegen)Bock – 25 **piller** plündern – 28 **défendre** → la défense – 29 **tirer sur** zielen auf – 31 **la splendeur** Pracht – 33 **le crapaud-buffle** Krötenart – 34 **un domaine** *ici:* Ländereien – **un hamac** Hängematte – 35 **un rocking-chair** Schaukelstuhl – **un manguier** l'arbre dont le fruit est la *mangue* (Mango)

place et tranquille dans sa place, et sa place était à lui. J'ai la nostalgie des petits négrillons courant sous les pattes des vaches, et que l'on chassait comme des moustiques. Oui, j'aime cette terre, et personne ne doit en douter, j'aime la France de Dunkerque à Brazzaville parce que cette terre, j'ai monté la garde sur ses frontières, j'ai marché des nuits entières, l'arme à la main, l'oreille aux aguets et le regard vers l'étranger. Et maintenant on me dit qu'il faut me coucher sur ma nostalgie et que ce temps est révolu. On me dit que les frontières bougent comme la crête des vagues, mais meurt-on pour le mouvement des vagues ? On me dit qu'une nation existe et puis n'existe plus, qu'un homme trouve sa place et puis la perd, que les noms des villes, et des domaines, et des maisons, et des gens dans les maisons changent dans le cours d'une vie, et alors tout est remis en un autre ordre et plus personne ne sait son nom, ni où est sa maison, ni son pays ni ses frontières. Il ne sait plus ce qu'il doit garder. Il ne sait plus qui est l'étranger. Il ne sait plus qui donne les ordres. On me dit que c'est l'histoire qui commande l'homme, mais le temps de la vie d'un homme est infiniment trop court ; et l'histoire, grosse vache assoupie, quand elle finit de ruminer, elle tape du pied avec impatience. Ma fonction à moi, c'est d'aller à la guerre, et mon seul repos sera la mort.

Il disparaît.

ADRIEN. – Par où est-il entré, nom de dieu ?

IV MAGHRIB

12 AU BORD DU LIT

Chambre de Mathilde.
Mathilde et Fatima au lit.

MATHILDE. – Fatima. Fatima, est-ce que tu dors ? J'entends les pas de ton oncle dans le couloir. Il s'approche, il est devant la porte, il hésite. Il vient pour me faire du mal. Il osera faire la nuit, sans témoin, ce

2 **un négrillon** *fam* un petit noir –3 **un moustique** Mücke – 4 **Dunkerque** ville du Nord de la France – **Brazzaville** capitale du Congo – 5 **monter la garde** Wache halten – 6 **aux aguets** *ici:* gespitzt – 8 **révolu,e** passé – 9 **une crête** Grat, Kamm – 17 **infiniment** *ici:* beaucoup – 18 **assoupi,e** presque endormi – 19 **ruminer** wiederkäuen – 20 **le repos** → se reposer – 22 **nom de dieu!** Herrgott noch mal!

qu'il n'a pas osé faire le jour. Bouge, Fatima, grogne, remue-toi, parle-moi, qu'il voie bien que tu es là. Et, s'il entre, ouvre bien les yeux et ne le quitte pas du regard, qu'il comprenne que tu es éveillée. Et, s'il ne te voit pas, car la colère l'aveugle, lève-toi et gesticule. Tout le monde croit que tu es folle, cela ne gênera personne. Fatima, ma chérie, cesse de dormir ou de faire semblant ; ton oncle marche devant la porte et moi, j'ai la trouille.

Tu crois que je divague, mais je ne divague pas, Fatima, je te jure que non. Cette ville est pleine de gens qui meurent étouffés sous les oreillers, étranglés par des cordelettes, ou alors le coup du sadique qui est entré par la fenêtre, ou du voleur venu pour piquer les perles. Et ton oncle connaît suffisamment de médecins et d'officiers de police pour ne rien risquer. Personne n'en saurait rien. Finie, Mathilde ; comme Marie ; finies. Comment et pourquoi saurait-on comment et pourquoi les gens meurent, dans cette ville ? A cette heure, la ville entière ronfle et a les yeux fermés, sauf les assassins, sauf leurs victimes. Tu ne dors pas ; je reconnais la respiration d'un dormeur. As-tu déjà traversé, la nuit, une chambre où l'on dort ? Fatima, si tu veux te dégoûter des hommes, glisse-toi dans leur chambre, regarde-les et écoute-les dormir. A quoi sert-il qu'ils s'habillent comme des bourgeois dans la journée, alors que la moitié de leur vie ils la passent étalés comme des cochons dans la mare, inconscients, sans contrôle d'eux-mêmes, plus vides d'esprit qu'un tronc d'arbre qui dérive sur le fleuve, avec, dit-on, l'œil qui tourne dans son orbite à pleine vitesse ; et, au réveil, ils en perdent le souvenir. Cette heure de la nuit est effrayante, où l'humanité entière sue dans les draps, où des milliers de personnes, à la même heure, rotent, crachent, grincent des dents, soupirent les yeux fermés, digèrent, digèrent, se raclent leur gorge, la bouche grande ouverte vers le plafond. Ils ont bien raison de s'enfermer pour dormir. Tout homme devrait porter, chaque jour, la honte de sa nuit passée, la honte de l'abandon du sommeil. Moi, je ne ferme

1 **grogner** *ici:* parler à voix basse – 3 **éveillé,e** qui ne dort pas – 4 **aveugler** rendre *aveugle* (blind) – 5 **gêner** *ici:* déranger – 6 **cesser de faire qc** s'arrêter de faire qc **faire semblant** faire comme si – 7 **avoir la trouille** *fam* avoir peur – 8 **divaguer** *ici: fam* spinnen – 9 **étouffer** ersticken – 10 **étrangler** strangulieren, erdrosseln – **une cordelette** une petite corde – **un,e sadique** Sadist – 11 **piquer** *fam* voler – 19 **se dégoûter de** überdrüssig sein, werden – 21 **étalé,e** ausgestreckt – 22 **un cochon** Schwein – **la mare** Suhle – **inconscient,e** unbewusst – 23 **un tronc** [tʀɔ̃] **d'arbre** *m* Baumstamm – **dériver** *ici:* treiben – 24 **une orbite** *ici:* Augenhöhle – 26 **effrayant,e** terrible – **suer** schwitzen –x **roter** *fam* rülpsen – **grincer des dents** *f* mit den Zähnen knirschen – 28 **digérer** verdauen – **se racler la gorge** sich räuspern – 29 **un plafond** Decke – 31 **un abandon** *ici:* le fait de se laisser aller

pas ma porte, car je ne dors pas. J'aurais dû la fermer ; car j'entends ton oncle qui piétine devant la porte.

Fatima, s'il entre – car je crois qu'il va entrer –, dresse-toi brusquement et demande-lui comment elle est morte. La surprise, peut-être, fera sortir la vérité de sa bouche avant que la méchanceté ne la lui ferme. J'ai la trouille, ma chérie, ma petite fille. Avant qu'il n'entre – et il va entrer –, cache-toi sous le lit, et, quand il voudra me faire le coup de l'oreiller, tire-lui les pieds très fort, jusqu'à ce qu'il tombe. Fatima, ma chérie, ne me laisse pas toute seule ; montre-moi un filet de lumière sous tes paupières, que je sois sûre que tu ne dors pas. Parce que j'ai la trouille, pour de bon. J'ai la trouille.

Entre Adrien.

ADRIEN. – Mathilde, tu dors ? Tant mieux. Mathieu part à l'armée. Ils ont fini par le repérer. Mes amis m'ont tout à fait lâché, je crois. A moins que tu y sois pour quelque chose. C'est probable ; il n'y a pas de fumée sans feu. Quoi qu'il en soit, il va aller en Algérie, il se fera massacrer dans le bled et on le ramènera en morceaux avec les honneurs. Alors je n'aurai plus d'héritier. Mais je te préviens, ma vieille : l'usine, tu ne l'auras pas. D'abord, j'ai failli aller au cimetière pour me tirer une balle dans la tête, comme notre grand-père l'a fait quand son fils est parti à l'armée, et comme notre arrière-grand-père l'a fait pour notre grand-père. C'est une tradition de famille, et il faut respecter les traditions. Mais j'y ai renoncé, parce que, d'abord, mon père ne l'a pas fait pour moi, ensuite il pleut et mes chaussures me font mal, et puis enfin tu aurais hérité de l'usine et cela, ma vieille, je ne le veux pas.

Je n'aime pas tes enfants. Tu les as mal dressés. Des enfants, il faut les dresser à coups de taloches et de sages préceptes sinon ils te chient dans les pattes à la première occasion. Ils te chieront dans les pattes, ma vieille, et ce n'est pas moi qui te nettoierai.

Mathieu est mort, ou, en tous les cas, c'est tout comme, il est déjà pratiquement massacré dans un fossé algérien, alors maintenant je m'en

2 **piétiner** von einem Bein aufs andere treten – 3 **se dresser** sich aufrichten – 5 **la méchanceté** → méchant – 10 **une paupière** Lid – 11 **pour de bon** vraiment – 14 **repérer** *fam* découvrir, trouver – **lâcher** *ici: fam* abandonner – **à moins que** sauf si 15 **être pour qc dans qc** die Hand bei etw. im Spiel haben – **probable** wahrscheinlich – **la fumée** Rauch – 17 **l'honneur** *m* → honorable (Ehre) – 19 **avoir failli faire qc** beinahe etw. getan haben – **un cimetière** Friedhof – **une balle** *ici:* Kugel 23 **renoncer à qc** auf etw. verzichten – 26 **dresser** *ici:* élever – 27 **une taloche** *fam* une gifle (Ohrfeige) – **sage** weise – **un précepte** une leçon – **chier** *pop* scheißen – 28 **une patte** *fam* jambe – 31 **un fossé** (Schützen)Graben

faux dialogues

fous ; je ne vais quand même pas m'intéresser à un futur mort, je ne suis pas du genre à aller sur sa tombe en disant : S'il était vivant... Le cadavre prochain de mon fils ne m'intéresse pas. Alors, j'hérite de moi-même ; je me désigne comme héritier universel ; et personne d'autre ne touchera à mon héritage.

Il faut respecter les traditions. Les femmes de nos familles meurent jeunes, et, souvent, sans que l'on sache exactement pourquoi. Il est bien temps, pour toi ; tu es, comme dit Maame Queuleu, encore jeune ; quand on dit de quelqu'un qu'il est encore jeune, c'est qu'il est déjà vieux. Peut-être que tu te pendras à un arbre du jardin, comme l'a fait notre tante Armelle ; ou peut-être que tu te jetteras dans le canal, tranquillement, sans qu'on s'y attende, aprés avoir plié soigneusement tes habits au bord de l'eau, comme l'a fait la douce, la discrète, la silencieuse Ennie. Ou alors tu finiras étouffée sous les oreillers, comme il est d'usage pour les femmes encombrantes. Toutes ces affaires n'ont jamais fait d'histoires ; les autorités sont complaisantes, ici ; c'est une trop vieille tradition de la ville ; on a tous des amis compréhensifs. Enfin, je le suppose. Moi, je crois bien que mes amis me lâchent. C'est de ta faute ; tu as foutu la merde depuis ton retour. On ne peut pas vivre dans une ville comme cela sans amis.

Tu cognes trop, Mathilde. Un jour, il t'arrivera du mal, ma vieille. Tu es déjà comme une cruche fêlée ; un jour, tu tomberas en mille morceaux. Tu tapes trop fort, Mathilde, il ne faut pas trop bousculer les petites villes tranquilles, ni trop secouer les familles qui vivent tranquillement. Tu as trop voyagé, ma vieille ; les voyages troublent l'esprit, ils déforment le regard. Tu te crois trop forte, et tu es déjà toute fêlée. Si la pierre tombe sur la cruche, tant pis pour la cruche ; si la cruche tombe sur la pierre, tant pis pour la cruche. Et la cruche, c'est toi, Mathilde. Tu as hâte de connaître la vie éternelle ?

Je n'aime pas que tu méprises ma femme. Que tu m'emmerdes, que tu veuilles mon héritage, c'est normal, on a ça dans le sang, c'est une tradition. Mais que tu méprises ma femme, cela, je ne le supporte pas. Elle vaut l'autre, oui, elle vaut bien l'autre. D'ailleurs, j'ai longtemps

2 **une tombe** → un tombeau (Grab) – 4 **désigner** nommer – 10 **se pendre** sich aufhängen – 12 **plier** falten – 15 **d'usage** habituel, normal – **encombrant,e** *ici:* lästig – 16 **les autorités** *f* Behörde – **complaisant,e** aimable (hilfsbereit, verständig) 17 **compréhensif, -ive** → la compréhension – **supposer** annehmen – 19 **foutre la merde** *pop* für Ärger sorgen, ein Chaos veranstalten – 21 **cogner** anstoßen – 22 **une cruche** Krug – **fêlé,e** gesprungen – 24 **secouer** *ici:* erschüttern – 25 **troubler** déranger – 26 **déformer** verzerren, entstellen – 27 **tant pis!** Pech! – 29 **avoir hâte de faire qc** se dépêcher de faire qc – 30 **emmerder qn** *pop* jdn nerven – 33 **valoir** wert sein

hésité entre les deux, et puis j'ai épousé la plus vieille, à cause des convenances. Finalement, j'ai épouse aussi la deuxième ; comme cela, il n'y a plus rien à épouser. Mais je t'interdis de la mépriser, Mathilde ; pour cela, je serais bien capable de te tuer.
C'est quand tu dors que je te préfère : tu fermes ta gueule, tu ne la ramènes pas, tu écoutes sagement ce que je te dis, comme une sœur doit écouter quand son frère parle. Peut-être que je vais dormir le jour et vivre la nuit, comme cela, on sera des frère et sœur exemplaires. En attendant dors, Mathilde, ton sommeil te protège.

Il sort.

FATIMA. – Bon dieu, maman, si Edouard était comme cela avec moi, je te jure que je lui en retournerais une dans la gueule qui l'étalerait pour de bon, il ne recommencerait pas. Qu'as-tu à te laisser faire par les hommes ? C'est du vent, du bluff, de la frime, rien du tout. La femme, c'est la ceinture du pantalon de l'homme ; si elle le lâche, le voilà complètement à poil. Ton frère, il serait complètement à poil si tu le lâchais. Pourquoi ne veux-tu pas le lâcher ? Qu'est-ce que tu y gagnes, sinon de te désintéresser de tes enfants ? Car tu ne nous regardes même plus, tu es trop occupée à t'engueuler, et Edouard, le pauvre Edouard, a sa tête qui est en train de flancher, il y a du jeu dans ses rivets, il ne marche pas droit et tu ne remarques rien. Tu t'en fous ? Maman, je veux rentrer en Algérie. Je ne comprends rien aux gens d'ici. Je n'aime pas cette maison, je n'aime pas le jardin, ni la rue, ni aucune des maisons ni aucune des rues. Il fait froid la nuit, il fait froid le jour, le froid me fait peur davantage que la guerre. Pourquoi veux-tu rester, alors que tu t'engueules avec ton frère toute la journée ? En Algérie, tu ne t'engueulais avec personne, je t'aimais plus en Algérie qu'en France, tu étais plus forte et tu nous aimais. Est-ce parce que tu aimes t'engueuler que tu es revenue ? Dis-moi : tu aimes t'engueuler, c'est pour cela ? Pourquoi reste-t-on ici à se geler alors que là-bas on était si bien ? Moi, je suis née là-bas, je veux y retourner, je ne veux pas souffrir en pays étranger, maman. Maman, tu dors ? Pour de bon ?

2 **les convenances** *f* les bonnes manières – 5 **la ramener** *fam* die Klappe aufmachen – 12 **en retourner une dans la gueule** *pop* eins in die Fresse hauen – **étaler qn** *fam* faire tomber – 13 **se laisser faire** *ici:* ertragen, sich gefallen lassen – 14 **la frime** Angeberei – 15 **une ceinture** Gürtel – 16 **à poil** nu – 18 **sinon de** sauf – 19 **s'engueuler** *fam* sich anbrüllen, anschreien – 20 **flancher** devenir fou – **avoir du jeu dans ses rivets** *m, pop* eine Schraube locker haben – 21 **ne pas marcher droit** *fam* être un peu fou – 30 **se geler** avoir très froid

13 Je ne veux pas y aller.

Dans les cuisines.

Mathieu. – Aziz, aide-moi.
Aziz. – C'est ce que je fais : je travaille pour ton père et pour toi.
Mathieu. – Pas cette aide-là, Aziz. Aide-moi, mon vieux.
Aziz. – Comment pourrais-je t'aider autrement ?
Mathieu. – Ils veulent m'envoyer à la guerre. J'ai reçu mes papiers, et je devrais partir à l'armée.
Aziz. – Tout le monde va à l'armée. Tu nais, tu têtes, tu grandis, tu fumes en cachette, tu te fais battre par ton père, tu vas à l'armée, tu travailles, tu te maries, tu as des enfants, tu bats tes enfants, tu vieillis et tu meurs plein de sagesse. Toutes les vies sont comme cela.
Mathieu. – Mais ils vont m'envoyer en Algérie, Aziz. Je ne veux pas me battre, je ne veux pas mourir. Comment veux-tu que je me marie, que j'aie des enfants, que je devienne vieux et sage si je meurs bientôt ?
Aziz. – Ça, c'est le prix que tu paies pour les privilèges dont tu as joui. Moi, je n'avais plus de père, alors j'ai fait le service en son temps, et il n'y avait pas encore la guerre, alors, je l'ai fait à Commercy, tranquillement.
Mathieu. – Comment c'est, l'armée, Aziz ?
Aziz. – Ce n'est pas si mal que ça, mon vieux. On se lève tôt, on se couche tôt, on fait du sport, on se fait des copains, on a des permissions, on n'a pas de problèmes d'argent, on ne pense à rien. C'est très très bien.
Mathieu. – Je ne devrais pas faire mon service : j'ai les pieds plats. Pourquoi devrais-je le faire, moi, alors que ceux qui ont les pieds plats normalement ne le font pas ?
Aziz. – Tu as les pieds plats, toi ?
Mathieu. – Mon père les a, donc moi aussi ; c'est obligatoire.
Aziz. – Si on t'a dit que tu devais faire ton service, c'est soit que tu n'as pas les pieds plats, soit que ceux qui ont les pieds plats font leur service comme les autres ; c'est l'un ou l'autre, c'est obligatoire.
Mathieu. – Est-ce que c'est long, une guerre ?
Aziz. – Je crois ; très long.
Mathieu. – Combien de temps ?

8 **téter (sa mère)** (an der Mutterbrust) saugen – 15 **jouir de** profiter de – 16 **le service** *ici:* le service militaire – **en son temps** zu seiner Zeit, zum richtigen Zeitpunkt 17 **Commercy** village dans le département de *la Meuse* en *Lorraine* – 29 **soit … soit** entweder … oder

AZIZ. – Une fois que c'est commencé, personne ne sait quand ça va s'arrêter. Tes enfants la feront peut-être encore.

MATHIEU. – Si je meurs à la guerre, je n'aurais pas d'enfant.

AZIZ. – Tu ne mourras peut-être pas. Tout le monde ne meurt pas à la guerre.

MATHIEU. – Et blessé, Aziz ? Si je reviens infirme ?

AZIZ. – Tout le monde n'est pas blessé, à la guerre. Tu reviendras peut-être plein de santé et le visage bruni par le soleil.

MATHIEU. – Comment c'est, l'Algérie ?

AZIZ. – J'ai oublié.

MATHIEU. – Souviens-toi. Fais un effort.

AZIZ. – Même avec un effort, j'ai complètement oublié.

MATHIEU. – Pourquoi tu ne penses qu'à l'argent, Aziz ? Tu ne fais que travailler, travailler pour amasser de l'argent. Arrête de travailler, Aziz ; je te parle.

AZIZ. – Parce que j'ai besoin d'argent, que je gagne de l'argent en travaillant et que, comme ton père me paie mal, je ne peux pas arrêter de travailler.

MATHIEU. – Je lui dirai de mieux te payer. Et la guerre, comment c'est, Aziz ?

AZIZ. – Je ne le sais pas, je ne l'ai jamais su, et je ne veux pas le savoir.

MATHIEU. – Moi non plus, je ne voudrais pas le savoir.

AZIZ. – Mon vieux Mathieu, ne sois pas triste. On ira ce soir chez Saïfi, tu oublieras ta tristesse.

MATHIEU. – Je ne veux pas oublier ma tristesse. Et la mort, comment c'est ?

AZIZ. – Comment veux-tu que je le sache ? Plus besoin d'argent, plus besoin de lit pour te coucher, plus de travail du tout, pas de souffrance, je suppose. Je suppose que ce n'est pas trop mal.

MATHIEU. – Je ne veux pas mourir.

AZIZ. – Tu seras un héros, Mathieu. Les Français se considèrent comme quarante-cinq millions de héros, pourquoi ferais-tu exception, mon vieux ? Tu n'es pas plus con qu'un autre Français. Tu reviendras, tu feras vite des enfants pour leur raconter la guerre. Et, si tu ne reviens pas, on la racontera à ta place aux enfants des autres.

MATHIEU. – Je ne veux pas souffrir.

AZIZ. – Essuie-toi le visage, voilà Maame Queuleu, elle pourrait croire que tu pleures.

6 **infirme** handicapé – 8 **bruni,e** bronzé (→ brun) – 14 **amasser** anhäufen – 24 **la tristesse** → triste – 28 **la souffrance** → souffrir

MATHIEU. – Mais je pleure, Aziz, je pleure.

Entre Maame Queuleu.

MAAME QUEULEU. – Tu pleures, Mathieu ?
MATHIEU. – Vous voulez rire, Maame Queuleu, je n'ai jamais pleuré de ma vie et ce n'est pas aujourd'hui que je vais commencer ! *(Il sort.)*
MAAME QUEULEU. – J'aime Aziz, quand la tristesse règne sur cette maison. Mathilde boude avec Monsieur dans le salon, Mathieu pleure, Fatima gémit et se plaint du froid, Edouard est plongé dans ses livres, tout est calme, silencieux et triste. La maison est à nous.

14

Cloche sonnant complies, au loin.

MATHILDE *(au public)*. – Je ne parle jamais le soir, pour la bonne raison que le soir est un menteur, l'agitation extérieure n'est que la marque de la tranquillité de l'âme, le calme des maisons est traître et dissimule la violence des esprits. C'est pourquoi je ne parle pas le soir, pour la bonne raison que je suis une menteuse moi-même, je l'ai toujours été et j'ai bien l'intention de continuer à l'être : il y a, n'est-ce pas, autant de lettres dans un oui que dans un non, on peut indifféremment employer l'un ou l'autre. Alors, entre le soir et moi, cela va mal, car deux menteurs s'annulent et, mensonge contre mensonge, la vérité commence à montrer l'affreux bout de son oreille ; j'ai horreur de la vérité. C'est pourquoi je ne parle pas le soir ; j'essaie, en tous les cas, car il est vrai aussi que je suis un peu bavarde.
La vraie tare de nos vies, ce sont les enfants, ils se conçoivent sans demander l'avis de personne, et, après, ils sont là, ils vous emmerdent toute la vie, ils attendent tranquillement de jouir du bonheur auquel on a travaillé toute notre vie et dont ils voudraient bien que l'on n'ait pas le temps de jouir. Il faudrait supprimer l'héritage : c'est cela qui pourrit les petites villes de province. Il faudrait changer le système de reproduction tout entier : les femmes devraient accoucher de cailloux :

8 **gémir** stöhnen – **être plongé,e dans** vertieft sein in – 10 **complies** *f, pl* la dernière messe de la journée – 12 **l'agitation** *f* ≠ le calme (Aufregung) – 13 **la tranquillité** → tranquille – **l'âme** *f* Seele – 14 **dissimuler** cacher – 17 **indifférent,e** → l'indifférence 19 **s'annuler** sich gegenseitig aufheben – 20 **affreux,-euse** terrible – 22 **bavard,e** → bavarder – 23 **concevoir un enfant** zeugen – 27 **supprimer** annuler – 28 **pourrir** verderben – 29 **accoucher de qn** jdn zur Welt bringen – **un caillou** une petite pierre

Cynisme le Cynic

un caillou ne gêne personne, on le recueille délicatement, on le pose dans un coin du jardin, on l'oublie. Les cailloux devraient accoucher des arbres, l'arbre accoucherait d'un oiseau, l'oiseau d'un étang ; des étangs sortiraient les loups, et les louves accoucheraient et allaiteraient des bébés humains. Je n'étais pas faite pour être une femme. J'aurais été le frère de sang d'Adrien, on se taperait sur l'épaule, on ferait des virées dans les bars et des parties de bras de fer, on se raconterait des histoires salaces la nuit, et de temps en temps on s'éclaterait les couilles à coups de poing dans la gueule. Mais je n'étais pas faite pour être un homme non plus ; encore moins, peut-être. Ils sont trop cons. Fatima a raison. Sauf qu'elle n'a pas vraiment raison. Les hommes entre eux savent être des copains, quand ils s'aiment bien ils s'aiment bien, ils ne se tirent pas dans les pattes ; d'ailleurs, c'est parce qu'ils sont cons qu'ils ne se tirent pas dans les pattes, ils n'y pensent pas, il leur manque un ou deux étages par rapport à nous. Parce que les femmes, lorsqu'elles sont amies, elles se tirent gaiement dans les pattes ; elles s'aiment et, parce qu'elles s'aiment, tout le mal qu'elles peuvent vous faire, elles vous le font. C'est à cause des étages supplémentaires dans leurs têtes.

Ne dites jamais à quelqu'un que vous avez besoin de lui, ou que vous vous ennuyez de lui, ou que vous l'aimez, parce qu'alors il pense tout de suite que c'est une raison suffisante pour se croire arrivé, pour prétendre porter le pantalon, pour s'imaginer tenir les rênes, pour prendre des airs de petit malin ; il ne faut jamais rien dire, rien du tout, sauf dans la colère, car alors on dit n'importe quoi. Mais, lorsqu'on n'est pas en colère, comme maintenant, et à moins d'être une fichue bavarde, il vaut mieux se taire.

Quoi qu'il en soit, Adrien repartira avec moi, cela est clair dans ma tête, je le voulais, je l'aurai, je suis venue sans, je repartirai avec. Mais silence, plus de mensonge. Mathilde, le soir te trahit.

1 **recueillir** *ici:* ramasser – **délicatement** *ici:* prudemment – 3 **un étang** un petit lac (Teich) – 4 **un loup, une louve** Wolf – **allaiter** nourrir de son lait – 7 **une virée** *fam* un tour – **le bras de fer** Armdrücken – 8 **salace** *litt* anzüglich, unanständig – **s'éclater les couilles à coups de poing dans la gueule** *pop* sich gegenseitig die Fresse einschlagen – 13 **tirer dans les pattes (de qn)** *fam* causer des difficultés (à qn) – 15 **par rapport à** comparé à/avec – 18 **supplémentaire** zusätzlich – 21 **s'ennuyer de qn** sich nach jdm sehnen – 22 **prétendre** affirmer – 23 **les rênes** *f* Zügel – 24 **prendre des airs de petit malin** se croire intelligent – 26 **à moins d'être/de faire qc** wenn man nicht etw. ist/tut – **fichu,e** *fam, ici:* détestable, mauvais

V

15

Le café Saïfi.

SAÏFI. – عَزِيزْ فِيسَعْ ، هَاتْ اصْحَابَكْ ... قُلُّهُمْ يخَلّصُوا غَادِي نْبَلَّعْ الحَانُوتْ .

AZIZ. – مَازَالْ صيفي . عْلاَشْ زَرْبَانْ ؟

SAÏFI. – Je ferme la boutique ; payez-moi et partez.

AZIZ. – Payez-le.

MATHIEU. – Ce couillon ne pense qu'à l'argent.

AZIZ. – وَالُو بَاسْ صَيْفِي ؟

SAÏFI. – قُلْتِلَكْ غَادِي نْبَلَّعْ . Ta gueule. Vos gueules. Je neveux pas d'histoires. Payez-moi, dépêchez-vous ; payez-moi.

عَزِيزْ ، مَاتْسَارَاشْ فِي هَادِ السَّاعَةْ . كَايِنْ بِالزَّافْ دِيَالْ رَاسِيسْتْ

Ils vont me brûler la boutique. Ils sont devenus fous. Payez-moi.

عَزِيزْ ، عَزِيزْ عِنْدَكْ تْخْرُجْ مِنْ الدَّارْ . قُلُّهُمْ يِخَلّصُونِي وْرُوحْ .

AZIZ. – Payez-le.

MATHIEU. – Le monde est mal fichu. Tous les plaisirs se font payer. Je suis écœuré des plaisirs.

EDOUARD. – Ne t'inquiète pas, Mathieu ; c'est la tristesse après la baise.

MATHIEU. – Pourquoi les femmes se jettent-elles sur toi, Edouard ? Tu es rachitique, tu es moche, tu as l'air débile. Les femmes sont des connes, je n'y comprendrai jamais rien.

EDOUARD. – Tu comprendras, tu comprendras.

SAÏFI. – Il y a quelqu'un qui n'est pas du quartier, que j'ai vu traîner autour de ma boutique plusieurs fois, avant-hier, hier, et aujourd'hui.

EDOUARD. – Il allait peut-être voir les putes.

SAÏFI. – Non, il n'a pas été voir les putes.

MATHIEU. Il visite le quartier ; il se promène. On ne peut pas se promener dans ton quartier, Saïfi, sans que tu te mettes à avoir peur ?

6 **un couillon** *pop* un idiot – 8 **ta gueule** *pop* halt's Maul – 14 **fichu,e** *fam, ici:* fait 15 **écœuré,e** dégôuté – 16 **la baise** *pop* Geschlechtsverkehr – 18 **moche** *fam, ici:* laid – **débile** schwächlich – 23 **une pute** *pop* une prostituée

Saïfi. – On ne se promène pas dans ce quartier. Je n’ai pas dit que j’avais peur.

اصْحَابَكْ كَايِنْ يِزْعَقُوا عْلَيْ . مَا نِبْغِيش نْعَاوِدْ نْشُوفْهُمْ .

Mathieu. – Arrêtez de vous dire des conneries en arabe.

Aziz. – كَانْ نْعَاهْدَكْ مَا نْعَاوِدْشْ نْجِيبْهُمْ

Saïfi. – *(à Mathieu).* Paie-moi.

Mathieu. – Pourquoi tu me demandes ça à moi, Saïfi, on est trois, ici : le petit rachitique, l’Arabe et moi. Pourquoi est-ce toujours à moi que tu demandes de payer ?

Aziz. – Je ne suis pas l’Arabe.

Saïfi. – أُسْكُتْ عَزِيزْ

Edouard. – Moi non plus, je ne paierai pas.

Aziz. – C’est moi qui vous ai amené ici.

Edouard. – Et c’est moi qui t’ai sorti de chez toi, Mathieu, sinon, tu serais encore dans les jupes de ta belle-mère.

Saïfi. – Foutez le camp, foutez le camp, et ne me payez pas.

Mathieu. – Si tu n’es pas un Arabe, alors qu’est-ce que tu es ? Un Français ? Un domestique ? Comment dois-je t’appeler ?

Aziz. – Un couillon, je suis un couillon. Aziz, on ne se souvient de son nom que pour lui demander de l’argent. Je passe mon temps à faire le couillon dans une maison qui n’est pas à moi, à entretenir un jardin, à laver des planchers qui ne sont pas à moi. Et avec l’argent que je gagne, je paie des impôts à la France pour qu’elle fasse la guerre au Front, je paie des impôts au Front pour qu’il fasse la guerre à la France. Et qui défend Aziz, là-dedans ? Personne. Qui fait la guerre à Aziz ? Tout le monde.

Saïfi. – Ne parle pas comme cela, Aziz.

Aziz. – Le Front dit que je suis un Arabe, mon patron dit que je suis domestique, le service militaire dit que je suis français, et moi, je dis que je suis un couillon. Parce que je me fous des Arabes, des Français, des patrons et des domestiques ; je me fous de l’Algérie comme je me fous de la France ; je me fous du côté où je devrais être et où je ne suis pas ; je ne suis ni pour ni contre rien. Et si l’on me dit que je suis contre quand je ne suis pas pour, eh bien, je suis contre tout. Je suis un vrai couillon.

4 **une connerie** *fam* une bêtise – 15 **être dans les jupes** am Rockzipfel hängen
16 **foutre le camp** *fam* partir – 22 **un plancher** Fußboden – 24 **le Front** *ici:* le gouvernement algérien (dont les membres sont issus du *Front de Libération Nationale*)
30 **se foutre de** *pop* se ficher de – 31 **un patron** un chef

MATHIEU. – Il est saoul.
EDOUARD. – C'est le ramadan qui l'énerve.

SAÏFI. – .. إنْتَ غيرْ تْزَايْري عزيز

AZIZ. – .. رَانِي مَا عْرِفْتْ حَاجَةْ صَيْفِي ، وَاللهِ مَا عْرِفْتْ حَاجَةْ

EDOUARD. – Barrons-nous. *(Ils soutiennent Aziz et s'éloignent.)*

Saïfi sort. Les lumières s'éteignent.

16

Jardin.
Entrent Adrien, Plantières, Borny.

ADRIEN. – Borny, ne faites pas tant de bruit.
BORNY. – C'est Plantières qui me colle aux fesses, au point qu'il me fait trébucher.
PLANTIÈRES. – J'ai peur que vous ne vous évanouissiez dans le noir.
BORNY. – Plantières, je vais vous, je vais vous...
PLANTIÈRES. – Faites donc.
ADRIEN. – Silence. Mais où est Sablon ? Où est-il passé ? Quand nous a-t-il quittés ?
BORNY. – Vous voyez, Plantières : c'est Sablon qui a filé. Ah ah. Vous me collez aux fesses et, pendant ce temps, Sablon disparaît. Il doit être dans sa maison de campagne, et nous, seuls, au feu, sur le gril, au front. Ah ah, Plantières. Vous êtes très fin.
ADRIEN. – Taisez-vous, voilà la fille.

Ils se cachent dans les fourrés.
Entre Fatima, suivie de Mathilde.

MATHILDE. – Arrête tes sottises, Fatima. Ne crois pas que j'y ai cru un seul instant. Sottises, conneries, bondieuseries. Est-ce que les gens apparaissent encore, à notre époque ? C était bon pour les petits paysans hystériques de la campagne, jadis. Mais aujourd'hui, c'est grotesque. Même la sainte Vierge n'oserait pas. Et tu crois que j'y ai cru ?

1 **saoul,e** betrunken – 2 **le ramadan** le mois où les *musulmans* (Muslime) ne mangent que le soir – 5 **se barrer** *fam* partir – 6 **s'éteindre** ≠ s'allumer – 10 **coller aux fesses** *pop* an den Fersen kleben – 11 **trébucher** stolpern – 12 **s'évanouir** ohnmächtig werden – 22 **le fourré** Gebüsch – 24 **une sottise** une bêtise – 25 **la bondieuserie** religiöser Schnickschnack

Méfie-toi, Fatima méfie-toi ; ton oncle n'attend que la moindre manifestation de ta folie pour te faire du mal.
ADRIEN. – Elle est maligne, ma petite sœur.
FATIMA. – La voilà : le froid, la lumière derrière le noyer. Marie.

Explosion du café Saïfi, au loin.

PLANTIÈRES. – C'est le café Saïfi.
BORNY. – Nous voilà compromis.
PLANTIÈRES. – Ta gueule, Borny.

Apparaît Marie.

ADRIEN. – Regardez donc la folle, regardez donc la folle.
FATIMA. – Marie, Marie, montrez-vous aux autres aussi, car ils ne me croient pas.
MARIE. – Et pourquoi me montrerais-je aux autres, petite sotte ?
FATIMA. – Parce que, parce que...
MARIE. – Tais-toi. Je les connais trop bien ; Borny, Plantières, ces demi-notables, ces fils de pécores, cette bande de larbins déguisés en bourgeois. Ne crois-tu pas que j'en ai eu ma dose, de ces parvenus ?
FATIMA. – A maman, au moins ; au moins à elle.
MARIE. – Pas question ; c'est une idiote.
FATIMA. – A mon oncle, alors, pour qu'il ne me fasse pas de mal.
MARIE. – Il t'en fera. Il m'en a fait, il t'en fera. La richesse ne change pas un homme. Cet Adrien, là, qui se cache dans les buissons derrière toi, est sorti de la boue, et il en a encore les pieds crottés. Que crois-tu qu'il était, son grand-père ? Mineur, petite sotte, mineur de fond, noir du matin au soir, dégueulasse jusque dans le lit conjugal. Et son père lui-même ? Mineur aussi ; et ce n'est pas parce qu'il s'est enrichi qu'il n'est pas resté crotté jusqu'à la fin de sa vie. Honte sur moi qui me suis mésalliée avec cette famille. Je ne me le pardonnerai pas. Je ne me pardonnerai jamais. Nous, nous étions la vraie bourgeoisie de cette ville ; personne n'a les mains sales chez les Rozérieulles. Mais tous ces hommes, là, dans les buissons, ils puent la roture et la nouvelle richesse. Et toi tu ne vaux pas mieux.

2 **la folie** → fou, fol, folle – 7 **être compromis,e (dans qc)** (in etw.) drinhängen, verwickelt sein – 16 **un notable** Ehrenbürger – **un demi-notable** qn qui voudrait être un *notable* (Ehrenbürger) – **une pécore** *vx* Dumme Gans, Pute – **un larbin** *fam* un domestique – **déguiser** verkleiden – 17 **une dose** Quantum, Dosis – **un parvenu** Emporkömmling – 22 **le buisson** Busch, Strauch – 23 **la boue** Schlamm – **crotté,e** *vx* plein de boue – 24 **un mineur (de fond)** Bergarbeiter – 25 **dégueulasse** *pop* dégoûtant – **le lit conjugal** Ehebett – 28 **se mésallier** nicht standesgemäß heiraten 31 **puer qc** nach etw. riechen – **la roture** *litt* ≠ la noblesse (Bürgertum)

PLANTIÈRES. – Eh bien, il ne se passe rien.

ADRIEN. – La fille, regardez la fille, comme elle s'agite.

MARIE. – Dis à ta mère de ma part que c'est une idiote. Cette idiote a pris la part d'héritage la plus petite, et c'est elle-même qui l'a choisie. Elle a pris cette maison ridicule plutôt que l'usine. Puisqu'elle était roturière, elle pouvait bien au moins être riche. Maintenant elle n'est rien, rien du tout. J'en ai honte pour elle. Moi, du moins, j'aurai gardé la dignité de ma classe ; même dans la richesse, je l'aurai gardée.

FATIMA. – Madame, madame, comment êtes-vous morte ?

PLANTIÈRES. – La fille est folle, cela ne fait aucun doute. Mais où est Sablon, pour le constat ?

MARIE. – Sais-tu, ma pauvre, combien ma dignité a souffert, avec ton oncle ? La première fois qu'il m'a menée chez ses parents, sa mère avait préparé en mon honneur je ne sais quel gâteau, un gâteau d'ouvrier, avec des pommes du jardin et je ne sais quelle farine grossière, et sans doute de la margarine ou de la graisse de cochon. Mais j'étais prête à tout, à ne pas faire la grimace, à faire semblant d'avaler. Mais sais-tu ce qu'elle a fait ? J'en garde encore la honte, cela m'empêche de trouver le repos.

FATIMA. – Comment êtes-vous morte ?

MARIE. – Son gâteau, son infâme gâteau, elle me l'a présenté, tu ne devineras jamais : elle me l'a présenté, à moi, sur un papier journal. Je ne demandais pas de la porcelaine, je ne demandais pas du cristal, je savais où j'étais. Mais du papier journal ! Cela, je ne leur pardonnerai pas, je ne leur pardonnerai jamais.

MATHILDE *(à Fatima)*. – Arrête de faire semblant, arrête de simuler l'extase. Quels livres lis-tu, en ce moment, pour être aussi dérangée ?

Entre Sablon, soutenant Mathieu et Edouard.

SABLON. – Serpenoise, Serpenoise, regarde ce que j'ai trouvé, dans la lumière des phares, titubants, sanglants, ivres venant du café Saïfi qui vient d'exploser.

Adrien s'approche de Mathieu et le gifle.

MATHIEU. – Et pourquoi devrais-je me laisser gifler, alors que je saigne de partout ?

6 **roturier, -ière** → la roture – 8 **la dignité** Würde – 11 **un constat** Protokoll – 15 **la farine** Mehl – **grossier, -ière** *ici:* gewöhnlich, ordinär – 21 **infâme** détestable – 30 **tituber** schwanken, taumeln – **sanglant,e** → le sang

ADRIEN *(qui le gifle une seconde fois)*. – En voilà une seconde qui annule la première. C'est une vieille loi de l'Evangile.
FATIMA. – Marie, comment es-tu morte? Maman veut le savoir.
MARIE. – Je file ; je suis pressée. Crois-tu que je n'ai que cela à faire ? *(Elle disparaît.)*

Entre Marthe.

MARTHE. – Une apparition, il paraît qu'il y a une apparition ici !
MATHILDE. – Cette femme est encore ivre morte.
ADRIEN. – Eh bien, Sablon, la folle, tu l'as vue ?
MATHILDE. – Ma fille fait une dépression nerveuse, voilà tout. Cette ville pourrie ferait faire une dépression nerveuse à une montagne.
MARTHE. – Non, c'est une apparition, j'en suis sûre. Mais seule l'innocence a des yeux pour la voir. C'était ainsi à La Salette, rue du Bac, au mont de Tepeyac, partout. Mama Rosa, Mama Rosa, il y a une sainte dans mon jardin.

Edouard et Fatima sortent.

SABLON. – Quant à ton domestique, Adrien…
ADRIEN. – Eh bien ?
SABLON. – Mort, tout à fait mort.
ADRIEN. – Pauvre Aziz.
SABLON. – Mais que faisait ton fils au café Saïfi ?
PLANTIÈRES. – Ah, si nous avions su, mon pauvre Adrien ! Ton propre fils ! De nos mains ! Mais que faisait-il donc là-bas ?
BORNY. – Si nous avions su…
ADRIEN. – Mais moi je le savais, mes pauvres amis, je le savais.

Ils sortent.

17 DE LA RELATIVITÉ TRES RESTREINTE

EDOUARD *(au public)*. – Si l'on accorde un tant soit peu de crédit aux très anciens savants, s'ils ne se sont pas trompés au-delà de ce qui est raisonnable ; si l'on comprend une partie des théories des nouveaux savants, qui sont beaucoup plus compliquées ; bref, si je crois que les conclusions des savants sont exactes, ou à peu près exactes, qu'elles

4 **être pressé,e** es eilig haben – 10 **faire une dépression nerveuse** eine Depression haben – 12 **l'innocence** *f* Unschuld – **restreint,e** simple, limité – 28 **un savant** Gelehrte(r) – **au-delà de qc** jenseits einer Sache, über etw. hinaus

contiennent ne serait-ce qu'un peu de vérité, et que j'y croie sans avoir absolument compris le raisonnement, j'en arrive à ceci : si la Terre est vraiment ronde, que sa circonférence est effectivement de quarante mille soixante-quatorze kilomètres, si elle tourne réellement sur elle-même en vingt-trois heures et cinquante-six minutes comme on le prétend, je me déplace en ce moment d'ouest en est à la vitesse de mille six cent soixante presque douze kilomètres à l'heure. Mais je suis, semble-t-il, bien attaché au sol. Maintenant on prétend, ils prétendent et je prétends les croire, que la Terre accomplit une révolution autour du Soleil en trois cent soixante-cinq jours virgule vingt-cinq ; son parcours étant de neuf cent quarante millions quatre cent soixante-neuf mille trois cent soixante-dix kilomètres, il s'agit là d'une vitesse de deux millions cinq cent soixante-quatorze mille huit cent soixante-trois kilomètres à l'heure, qui se combine aux précédentes ; je me déplacerais donc, en ce moment même et sans effort, à la vitesse de deux millions cinq cent soixante-seize mille cinq cent trente-quatre kilomètres à l'heure. J'ai tendance à le croire. Rien ne me le prouve, si ce n'est ma foi inébranlable dans les anciens, même si je ne les comprends pas tout à fait, mais j'ai foi en eux, et dans les modernes aussi. Ainsi, à moins que j'aie oublié une règle, à moins qu'une loi ne m'ait échappé, qu'une page soit restée collée sans que je m'en aperçoive, si tout cela est vrai, si je sautais en l'air, que la Terre continue sa course dans l'espace, si je saute en l'air et ne m'y maintiens ne serait-ce que deux secondes, je devrais me retrouver, en tombant, à mille quatre cents kilomètres d'ici dans l'espace, la Terre s'éloignera de moi à une vitesse folle, elle m'aura échappée, et j'aurai échappé à la Terre. Il n'y a pas de raison que cela ne marche pas, les calculs sont justes, les savants ont raison. La seule chose qui me trouble, c'est que personne, à ma connaissance, n'ait eu l'idée de faire l'expérience avant moi. Mais sans doute les autres sont-ils trop attachés à la Terre ; sans doute personne n'a envie de se retrouver dieu sait où dans l'espace ; sans doute les habitants de cette planète s'attachent-ils à leur planète avec leurs mains, les ongles de leurs pieds, leurs dents, pour ne pas la lâcher et qu'elle ne les lâche pas. Ils croient que leur alliance avec leur planète est irrémédiable, comme les sangsues croient sans doute que c'est la peau qui les retient, alors que, si elles lâchaient leurs griffes,

3 **la circonférence** Umfang – 6 **se déplacer** changer de place – 8 **attacher** lier
9 **accomplir** faire – **une révolution** *ici:* Umdrehung – 14 **se combiner à qc** mit etw. übereinstimmen – **précédent,e** qui précède, qui vient avant – 17 **prouver** montrer que qc est vrai – 18 **la foi** Glaube– **inébranlable** unerschütterlich – 35 **irrémédiable** unauflösbar, endgültig – **une sangsue** Blutegel

tout cela se séparerait et voltigerait dans l'espace chacun de son côté. Moi, j'aimerais que la Terre aille encore plus vite, je la trouve un peu molle, un peu lente, sans énergie. Mais enfin c'est déjà un début ; quand je me retrouverai à quelques millions de kilomètres d'ici, en l'air, cela ira déjà mieux. En douce, je largue les amarres. J'espère ne pas donner le mauvais exemple. Ce serait désastreux que la planète se vide, et plus désastreux encore que l'espace se peuple. En tous les cas, j'essaie ; je n'ai rien, rien à perdre. Deux secondes en l'air et tout ira bien. Je crois que cela va marcher. Je crois les savants, j'ai foi en eux. J'espère que je n'ai pas oublié une loi. Je vais le savoir.

Il prend son élan, saute, et disparaît dans l'espace.

18 AL- ÎD AÇ-ÇAGHÎR

MATHILDE. – Tu mets tes chaussures, Adrien ?

ADRIEN. – Tu m'as brouillé avec tout le monde, je n'ai plus d'amis, mon fils est mort, ou presque ; je n'ai plus rien à faire dans cette ville.

MATHILDE. – Il est bon de se brouiller avec ses amis ; tous les sept ans il faut le faire. On ne peut pas passer sa vie avec ses camarades de pensionnat. Et où vas-tu ?

ADRIEN. – En Algérie.

MATHILDE. – En Algérie ? Tu es fou.

ADRIEN. – Tu y es bien allée, toi. Où voudrais-tu que j'aille ? Je ne connais rien, moi, en dehors d'ici. Je ne suis jamais sorti. Même mon service militaire, je l'ai fait au coin de la rue, à cause de mes pieds qui me font souffrir, et je rentrais tous les soirs à la maison.

MATHILDE. – Il y a Andorre, Monaco, Genève, tous ces paradis pour riches, les seuls endroits du monde où il vaille la peine de vivre. On y est entre riches, les guerres ne parviennent jamais jusque-là, il n'y a pas d'enfants ou alors ils sont gardés par des nurses derrière des grillages, on est entre gens stériles, vieux, satisfaits, personne n'embête personne. Pourquoi tout le monde veut-il être jeune ? C'est idiot.

ADRIEN. – C'est que tout cela doit revenir très cher. L'usine ne va pas si bien que cela, et je ne crois pas que j'en tirerai un très bon prix. A cause de toi, je l'ai négligée ; tu me dois des indemnités, Mathilde;

1 **voltiger** herumfliegen – 5 **larguer** lâcher – **une amarre** Leine – 6 **désastreux, -euse** terrible – 11 **prendre son élan** Anlauf nehmen – 13 **brouiller qn avec qn** jdn mit jdm/jdn und jdn entzweien – 25 **valoir la peine** der Mühe wert sein – 26 **parvenir** arriver – 27 **une nurse** [nœʀs] une domestique qui s'occupe des enfants – 28 **un grillage** Gitter – 32 **négliger** vernachlässigen – **une indemnité** Entschädigung

dédommage-moi, ainsi que pour tous les frais que j'ai faits dans cette maison, et je file à Tahiti.

Mathilde. – Tu débloques, Adrien. Pas un sou. Tu n'as qu'à aller en Algérie. Il fait très doux, là-bas.

Adrien. – Pourquoi tu l'as quittée, alors, s'il y fait si doux ? Juste pour m'embêter ?

Mathilde. – Je m'y ennuyais. La douceur m'ennuie. La douceur n'est pas de ce monde-ci.

Adrien. – N'y avait-il pas la guerre, ou quelque chose comme ça ?

Mathilde. – Qu'est-ce que tu me parles de guerre ? Je te parle de choses importantes.

Entre Maame Queuleu.

Maame Queuleu. – Madame, Madame, votre fille Fatima vient d'avoir un malaise. Elle est tombée sur le sol comme un arbre arraché par le typhon, elle gémit, elle se tord, elle ne se laisse pas toucher.

Adrien. Ouvrez-lui le col de la chemise ; retirez-lui cette couche de vêtements ridicule. N'importe qui aurait un malaise, couvert comme cela en plein milieu de l'été.

Maame Queuleu. – Elle refuse, Monsieur, elle prétend avoir froid ; elle grelotte, elle claque des dents et elle refuse.

Mathilde. – Forcez-la.

Maame Queuleu sort.

Adrien. – Ainsi donc, tu t'ennuyais en Algérie, Mathilde ?

Mathilde. – Je m'ennuyais, oui.

Adrien. – De moi ?

Mathilde. – Je m'ennuyais, Adrien.

Adrien. – Moi aussi, je m'ennuyais.

Mathilde. – Mais tu es resté ici, toi. Pourquoi te serais-tu ennuyé ?

Adrien. – Je m'ennuyais ici.

Mathilde. – Tu avais ton fils.

Adrien. – Qu'est-ce que cela change ? Je m ennuyais, ici, avec mon fils.

Entre Maame Queuleu.

1 **dédommager** entschädigen – **les frais** *m* l'argent qu'on dépense pour qc – 3 **débloquer** *pop* dire des bêtises – **un sou** *ici:* ein Pfennig – 7 **la douceur** *ici:* Annehmlichkeiten – 14 **avoir un malaise** *ici:* s'évanouir – **arracher qc** enlever qc de terre – 15 **un typhon** un vent très fort – **se tordre** sich winden – 16 **le col** Kragen **une couche** Schicht

MAAME QUEULEU. – Madame, Madame, quel malheur !
MATHILDE. – Quoi donc, encore ?
MAAME QUEULEU. – Votre fille était enceinte, Madame, et elle accouche. Que dois-je faire ? Que dois-je faire ?
MATHILDE. – Eh bien, accouchez-la, tirez, coupez le cordon. Vous savez bien faire toutes ces choses-là, non ?

Maame Queuleu sort.

ADRIEN. – Tiens donc, avec ses petits airs, ta Fatima est une débrouillarde.
MATHILDE. – Pas besoin d'être débrouillarde, Adrien.
ADRIEN. – Tu en sais quelque chose, ma chère sœur.
MATHILDE. – Ta gueule, toi. Je sais de quel pied je boite. Adrien, tu ne peux pas partir. Tu as ta femme, ton épouse, ta concubine. La pauvre Marthe ne peut pas se débrouiller toute seule. Et puis je crois bien qu'elle t'aime, mon vieux. On ne se débarrasse pas si facilement d'une femme qui vous aime.
ADRIEN. – Maame Queuleu s'occupera d'elle. Et puis je m'en fous. Je ne vais pas passer ma vie à dorloter une ivrogne.
MATHILDE. – Pauvre Marthe ! Les hommes sont des salauds.
ADRIEN. – En attendant, ta fille – comment s'appelle-t-elle déjà ? Caroline ? –, c'est elle qui va hériter de ta maison. Ta fille est une petite roublarde.
MATHILDE. – Les femmes supportent mieux le malheur, voilà tout.
ADRIEN. – Le malheur des autres, oui ; elles s'épanouissent dans le malheur des autres. D'ailleurs, comme te voilà jolie, Mathilde, ma sœur.
MATHILDE. – De toute façon, elle n'héritera de rien du tout. Je vends cette fichue baraque et je file.
ADRIEN. – Et où vas-tu, Mathilde, ma sœur ?
MATHILDE. – Qu'est-ce que cela peut te faire, Adrien, mon frère ? Qu'est-ce que cela peut te faire ? Dis-moi, Adrien ?
ADRIEN. – Oui ?
MATHILDE. – Suis-je vraiment aussi jolie que tu le dis ? Encore jolie, veux-je dire ; encore un peu jolie, disons ?
ADRIEN. – Tu l'es, Mathilde, absolument.

Entre Maame Queuleu.

3 **enceinte** schwanger – 4 **le cordon** *ici:* Nabelschnur – 8 **un air** *ici:* une allure – 9 **un débrouillard** *fam* qn qui sait se débrouiller – 12 **boiter** hinken – 17 **dorloter** verhätscheln – **un ivrogne** qn qui boit toujours trop d'alcool – 18 **un salaud** *pop* Schuft, Dreckskerl – 21 **un roublard** *fam* durchtriebene Person – 23 **s'épanouir** aufblühen

MATHILDE. – Quel malheur allez-vous encore nous conter, Maame Queuleu ? Vous avez une tête à faire faner les feuilles des arbres.

MAAME QUEULEU. – Ah, Madame, Monsieur.

ADRIEN. – Quoi donc ? Il ne sort pas ? Vous n'y arrivez pas ? Dois-je appeler un docteur ?

MAAME QUEULEU. – Inutile, Monsieur. Tout s'est bien passé, au contraire.

ADRIEN. – Eh bien alors ?

MATHILDE. – Il est mort ?

MAAME QUEULEU. – Oh non, Madame, bien au contraire.

MATHILDE. – Comment ça, bien au contraire ? Il est vivant, alors ?

MAAME QUEULEU. – Ils sont vivants, Madame, ils sont vivants ; il y en a deux. Et, juste avant de s'évanouir, elles les a baptisés de deux noms étranges.

ADRIEN. – Quels noms ? quels noms ?

MAAME QUEULEU. – Rémus, je crois ; et Romulus, le second.

MATHILDE. – Adrien, tu m'emmerdes ; il suffit que je décide de m'en aller, de quitter cette ville, de vendre et de filer, pour que tu fasses la même chose. Je suis l'aînée, bien sûr, mais j'en ai assez de te voir m'imiter en tout.

ADRIEN. – Pardon, Mathilde, pardon : j'enfilais déjà mes grolles alors que tes valises ne sont pas encore faites, et je t'ai dit que je partais avant que tu n'en parles toi-même. T'imiter, moi ? Je ne suis pas fou. Je me suis toujours bien tenu. Je n'ai jamais approuvé ta manière de vivre. J'ai toujours été du côté des bonnes manières. J'ai toujours été du côté de papa.

MATHILDE. – Du côté de papa, oui, contre moi. Tu l'imitais comme un petit chien. Tu l'approuvais, tu me regardais manger à genoux en ricanant.

ADRIEN. – Je ne ricanais pas, Mathilde, je te le jure. C'était une expression de souffrance.

MATHILDE. – Et, maintenant que notre père est mort, c'est moi que tu veux imiter. Pas question. Je ne suis pas ton papa.

ADRIEN. – Je veux vendre et partir, je vendrai et je partirai.

MATHILDE. – Eh bien, moi aussi. Je ne vois pas pourquoi j'y renoncerais.

ADRIEN. – Tu vas tirer une bonne somme de cette maison, ma petite sœur.

MATHILDE. – Et toi de ton usine, mon vieil Adrien.

ADRIEN. – Pas tant que cela, pas tant que cela.

MATHILDE. – Moi non plus, pas tant que cela.

2 **faner qc** etw. welken lassen – 20 **une grolle** *fam* une chaussure – 23 **approuver** accepter

ADRIEN. – Tu commences déjà à trafiquer les comptes.
MATHILDE. – Je ne trafique rien du tout. Je suis franche. Je l'ai toujours été.
ADRIEN. – Eh bien, Maame Queuleu, vous écoutez aux portes ?
MATHILDE. – Qu'avez-vous à rester là, plantée comme une souche ?
ADRIEN. – Parlez, ou filez.
MATHILDE. – Parlez, Maame Queuleu. Qu'est-ce qu il y a, encore ?
MAAME QUEULEU. – C'est que...
MATHILDE. – Ils sont mal faits ? Ils sont aveugles ? Ils sont tordus ? Ils sont collés ensemble ?
MAAME QUEULEU. – Oh non, Madame, bien au contraire.
MATHILDE. – Bien faits, donc ?
MAAME QUEULEU. – Magnifiques, hélas, Madame. Grands, forts, gueulards, l'œil brillant. Splendides, hélas.
MATHILDE. – Alors, de quoi vous plaignez-vous ?
MAAME QUEULEU. – Je ne me plains pas, Madame, je ne me plains pas. C'est vous que je plains.
MATHILDE. – Tiens donc ? Moi ? Et que peut-il m'arriver à moi, je vous prie ?
ADRIEN. – Parlez donc, Maame Queuleu, ou je vous frappe.
MAAME QUEULEU. – C'est que, Monsieur, ils sont...
MATHILDE. – Oui ?
ADRIEN. – Eh bien ?
MAAME QUEULEU. – Ils sont, ils sont...
ADRIEN. – Accouchez, nom de dieu.
MAAME QUEULEU. – Noirs, Monsieur ; ils sont tout noirs, et le cheveu crépu.

Elle sort en pleurant.

MATHILDE. – Dépêche-toi, Adrien, nom de dieu, dépêche-toi. Il te faut des heures pour lacer tes chaussures.
ADRIEN. – Et tes valises, Mathilde ?
MATHILDE. – Elles sont prêtes, mon pauvre vieux. Je ne les ai jamais défaites. Dépêche-toi.
ADRIEN. – J'arrive, j'arrive. Mais pourquoi es-tu si pressée, ma petite sœur ?
MATHILDE. – Parce que je ne veux pas voir grandir les enfants de ma fille. En voilà deux qui vont foutre le bordel dans cette ville, mon vieux, et ce sera vite fait.

1 **trafiquer les comptes** *m* die Buchhaltung manipulieren – 2 **être franc, franche** dire ce qu'on pense – 4 **rester planté,e comme une souche** wie angewurzelt dastehen – 8 **tordu,e** *ici: fam* fou – 9 **coller** kleben – 13 **gueulard,e** *fam* laut (→ la gueule) – **brillant,e** glänzend – **splendide** magnifique – 16 **plaindre qn** jdn bedauern – 25 **crépu,e** kraus
28 **lacer** binden – 34 **foutre le bordel** *pop* alles durcheinander bringen

ADRIEN. – Je croyais que tu étais revenue pour le foutre toi-même, Mathilde.
MATHILDE. – Trop tard pour moi, mon vieux. Je me contenterai de t'emmerder, toi.
ADRIEN. – Ne commence pas, Mathilde, ne commence pas.
MATHILDE. – Tu appelles cela commencer, mon Adrien ?

Ils sortent.

TRADUCTION DE L'ARABE

I-1

AZIZ. – Cela s'annonce comme une sale journée.
MATHILDE. – Et pourquoi ce serait une sale journée ?
AZIZ. – Parce que, si la sœur est aussi conne que le frère, cela promet.
MATHILDE. – La sœur n'est pas aussi conne que le frère.
AZIZ. – Et comment tu le sais, toi ?
MATHILDE. – Parce que la sœur, c'est moi.

V 15

SAÏFI. – Aziz, dépêche-toi, emmène tes copains; dis-leur de payer et je ferme la boutique.
AZIZ. – Ce n'est pas l'heure, Saïfi; pourquoi es-tu si pressé ?
Qu'est-ce qui ne va pas, Saïfi ?
SAÏFI. – Je dois fermer, je te dis.
Aziz, ne traîne pas dans la rue en ce moment. Il y a des bandes de fascistes.
Aziz, Aziz, ne sors plus de chez toi. Dis-leur de me payer et partez. Tes copains m'emmerdent, Aziz, je ne veux plus les voir.
AZIZ. – Je ne les amènerai plus, je te le promets.
SAÏFI. – Tais-toi, Aziz.
SAÏFI. – Tu es un Algérien, Aziz, c'est tout.
AZIZ. – Je n'en sais rien, Saïfi, je n'en sais rien.

Les cinq prières quotidiennes de la religion islamique sont, selon l'heure du jour, *sobh* (l'aube), *zorb* (vers midi), *'açr* (l'après-midi), *maghrib* (le soir), et *'ichâ* (la nuit).
Al-'îd ac-çaghîr est le nom de la fête qui marque la fin du ramadan.

L'office d'action sociale était l'appellation utilisée par les collecteurs de fonds, en France, au profit de l'O.A.S.

Textes complémentaires

1. Lieu, temps et action

Le *Retour au désert* reste la seule pièce de l'œuvre de Koltès qui se passe nommément en France, en province, et en un temps relativement précis, le début des années soixante. Koltès qui disait, au moment de *Quai ouest*, avoir découvert la nécessité de la règle des trois unités, Koltès met paradoxalement en scène, avec *Le Retour*, le lieu le plus ouvert, la temporalité la plus libre, l'action la plus plurielle de tout son théâtre.

De la clôture provinciale du *Retour*, on s'échappe en définitive comme on veut, quand on veut : ses murs n'ont été construits que pour offrir le plaisir de les sauter, son jardin est le lieu des rencontres les plus imprévues, on y tombe du ciel ou on s'y envole avec la même facilité. On change d'endroit sans cesse, on parcourt la maison en enfants curieux et imaginatifs, une grande maison pleine de recoins propices aux secrets et aux évasions. Il suffit, dit Edouard, de cesser deux secondes de s'agripper à la planète et on se retrouve à voltiger dans l'espace.

Même liberté dans la temporalité de la pièce. A la lecture, le texte est pris dans un double système temporel. La pièce combine en effet deux divisions en cinq temps ; la première d'ordre dramatique et rythmique (chaque temps est divisé en trois ou quatre scènes alternativement), et la seconde (qui ne recoupe pas la première) d'ordre rituel : les quatre premiers temps ont pour titre (mais non pas dans l'ordre naturel) quatre des cinq prières de la religion islamique (SOBH, à l'aube ; ZOHR, à midi ; ICHA, la nuit ; MAGHRIB, le soir) ; le dernier temps, qui coïncide avec la dernière scène du V, porte le nom de la

2 **nommément** namentlich – 4 **Quai ouest** titre d'une pièce de théâtre de Koltès **une nécessité** → nécessaire – 6 **la temporalité** → le temps – **pluriel,le** *ici:* vielschichtig – 8 **la clôture** Abgeschlossenheit – **s'échapper** entkommen, entwischen 11 **imprévu,e** unvorhergesehen – 12 **la facilité** → facile – **sans cesse** sans arrêt 13 **imaginatif, -ive** phantasievoll – **un recoin** un coin caché – 14 **propice à** bon à **une évasion** une fuite – 15 **s'agripper à** s'accrocher à – **voltiger** herumfliegen 18 **en effet** nämlich – 21 **recouper** übereinstimmen mit – 23 **une prière** Gebet (→ prier) – 24 **l'aube** *f* le petit matin (Morgengrauen) – 25 **coïncider** zusammenfallen

fête qui marque la fin du Ramadan ; cet ordre rituel est donc lui-même hétérogène, mêlant un rythme journalier et un rythme annuel.

La troisième et non la moindre des étrangetés du *Retour* est celle de son action. L'analyse de la deuxième scène peut jeter une lumière sur cette étrangeté. Mathilde revient, elle revient chercher quelque chose (noise), porter quelque chose (la guerre). On l'attendait, mais dès le départ elle prend tout le monde de vitesse, investit le lieu par surprise, assiège Adrien, qui tente en vain de parlementer. La situation est d'emblée conflictuelle, la tension d'emblée très forte : Adrien et Mathilde s'opposent comme le sédentaire et la nomade, le moralisme et le cynisme, le patriarcat et le matriarcat, la paix et la guerre, l'homme et la femme, la maison et le voyage, Marthe et Marie. Le conflit s'est approfondi dans les termes, mais il n'a pas gagné en force théâtrale ; la situation piétine et Adrien refuse de « recommencer » encore. C'est alors qu'intervient Marthe; ses répliques vont déclencher la dispute, comme une excroissance dérisoire. Adrien conclut la dispute par une « remise à zéro » abrupte : « Nous sommes frère et sœur, absolument. Bonjour, Mathilde, ma sœur. » La scène toute entière n'a donc été qu'un détour pour arriver à ce « bonjour ». La première scène trace une courbe descendante : la tension de la situation s'amoindrit à mesure que la violence verbale est plus directe.

Le dénouement a lieu au soir, pendant ces « heures où s'échangent le jour et la nuit » – heures inquiètes de l'univers de Koltès. Adrien ne tuera pas Mathilde pendant son sommeil. Mathieu mourra en Algérie, ou des suites de l'attentat du café Saïfi – peu importe à son père, qui l'a

1 **le ramadan** le mois où les *musulmans* (Muslime) ne mangent que le soir – 2 **hétérogène** ≠ homogène – **mêler** → le mélange – **journalier, -ière** → quotidien **annuel,le** → un an, une année – 3 **le, la moindre** le, la plus petit,e – **une étrangeté** → étrange – 6 **chercher noise** *f* [nwaz] **(à qn)** (mit jdm) Streit suchen – 7 **prendre qn de vitesse** jdn überrunden – **investir qc** *ici:* etw. einnehmen – 8 **assiéger** belagern – **tenter de** essayer de – **en vain** sans succès – **parlementer** négocier, discuter 9 **d'emblée** tout de suite – **la tension** Spannung – 10 **un,e sédentaire** ≠ un,e nomade 11 **le cynisme** Zynismus – **le patriarcat** Patriarchat, Vaterherrschaft – **le matriarcat** Matriarchat, Mutterherrschaft – 13 **s'approfondir** *ici:* devenir plus fort – **un terme** *ici:* un mot – 14 **piétiner** *ici:* ne faire aucun progrès – 15 **une réplique** une réponse – **déclencher** commencer (auslösen) – 16 **une excroissance** Geschwür **dérisoire** *ici:* nicht ernst zu nehmen – 17 **une remise à zéro** völliger Neuanfang 20 **tracer** *ici:* dessiner – **une courbe** Kurve – 21 **s'amoindrir** diminuer – **à mesure que** in dem Maße wie – 22 **un dénouement** ce qui termine une action de théâtre (Lösung) – 23 **inquiet, -ète** → s'inquiéter – 24 **le sommeil** le fait de dormir

abandonné dès la première scène du soir. Aziz meurt. Tandis que la farce des grotesques provinciaux bat son plein dans le jardin, la guerre réelle et les embuscades privées, dans leur perverse combinaison, ont redistribué brutalement les héritages de Mathilde et d'Adrien, supprimant certains héritiers, en multipliant d'autres. Edouard, quant à lui, choisit la fuite absolue et s'envole de la planète. Reniée l'enfance et ses Vierge Marie, abandonnés les héritiers en perdition, la maison paternelle enfin peuplée d'étrangers et de bâtards, la voie est libre pour le départ. Le lieu du retour est devenu désert.

Joëlle Gras, *Le jardinier obstiné,* dans : *Alternatives Théâtrales asbl, no. 35-36,* Bruxelles 1995 (texte abrégé).

2. *Le retour au désert* – vu par l'auteur

1. *Patrice Chéreau, ami de Bernard-Marie Koltès et metteur en scène de ses pièces, à propos de Koltès :*
« Bernard entretenait avec la province française un rapport étrange de fascination et d'agressivité mêlées. Il avait peur que le spectacle ne fasse pas rire. L'ancrage provincial français du Retour *semblait constituer pour lui un soubassement essentiel et secret. Il y avait toute une part inconnue – Metz, sa ville natale, son enfance – sur laquelle lui-même semblait avoir fait une croix, qui était revenue avec cette pièce. Il m'avait expliqué le choix du titre ainsi : le désert, c'est la France. La France retourne au désert (au sens où l'on dit « le désert gagne »). »*
2. *Dans une interview donnée à la revue du théâtre* Acteurs, auteurs, *Koltès répond à quelques questions posées par les acteurs du* Théâtre Renaud-Barrault *:*

2 **une farce** une petite pièce comique populaire très simple – **battre son plein** in vollem Gange sein – 3 **une embuscade** Hinterhalt – 5 **quant à** en ce qui concerne 6 **renier** (ver)leugnen – 7 **Les Vierge Marie** *ici:* la religiosité – **en perdition** → perdre – 8 **paternel,le** → le père – **peuplé,e** habité – **un bâtard** un enfant né hors mariage **une voie** un chemin – 12 **entretenir** *ici:* avoir – 13 **mêler** → un mélange 14 **un ancrage** Verankerung – 15 **un soubassement** Grundpfeiler, Säule – 16 **une part** une partie – **natal,e** où l'on est né – 17 **faire une croix sur qc** *fam* etw. abhaken

« *Vous dites volontiers "Je n'ai jamais écrit quelque chose qui soit à prendre au sérieux." Est-ce que* Retour au désert *est à prendre encore moins au sérieux ?* »
« *C'est aussi à ne pas prendre au sérieux. Mais je pense surtout que, là, j'arrive mieux à faire comprendre qu'il ne faut pas prendre ma pièce au sérieux. Avant, il me semblait évident que j'étais ironique, mais on ne le voyait pas, cela devenait pénible. Maintenant, avec* Retour au désert, *il est impossible de faire quelque chose de tragique.* »

1. Patrice Chéreau, *Retour à Koltès,* dans : *Théâtre aujourd'hui no 5,* Centre national de documentation pédagogique, Sèvres 1er trimestre 1996 (texte abrégé).
2. *Renaud-Barrault, Retour au désert,* dans : *Acteurs, auteurs,* Actes Sud, Arles 3e trimestre 1988 (texte abrégé).

3. Le langage au service de la confrontation

Les personnages de Koltès ressassent leur identité, leur provenance, leur généalogie, leurs actions passées, comme autant de points d'ancrage de leur personnalité. Jamais ils ne dévoilent leur intériorité ou les opinions que ces souvenirs suggèrent. Ils pratiquent plutôt la discipline du passé, comme le transport d'un fardeau obligatoire qu'ils ont peur d'oublier et dont personne ne se souviendra. Ils ne dévoilent jamais leur monologue intérieur; les mots sont des armes ou des boucliers qui permettent de se protéger, de cacher ses désirs, conserver ses distances, sa solitude et sa différence car le « mystère infini et l'infinie étrangeté des armes » (*Dans la solitude des champs de coton*) que chacun peut utiliser interdisent aux personnages de franchir le fossé qui les sépare.

1 **volontiers** gern – 2 **prendre au sérieux** ernstnehmen – 6 **évident,e** offensichtlich 7 **pénible** *ici:* peinlich, ärgerlich – 9 **ressasser** répéter sans cesse (bis zum Überdruss wiederholen) – **la provenance** l'origine – 10 **la généalogie** Stammbaum – 11 **un ancrage** Verankerung – **dévoiler** enthüllen (→ une voile) – **l'intériorité** *f* Innenleben (→ intérieur) – 12 **suggérer** faire naître – 14 **un bouclier** Schutz(schild) 17 **la solitude** le fait d'être seul – **un mystère** un secret (Mysterium) – 18 **Dans la solitude des champs de coton** titre d'une pièce de théâtre de Koltès – 19 **franchir** passer, traverser – 19 **un fossé** Graben – 20 **séparer** trennen (→ séparément)

Les phrases qu'échangent les personnages de Koltès sont souvent porteuses des figures du combat : l'attaque, la riposte, l'esquive, la feinte, tout y est. Les combattants font aisément penser à des lutteurs qui s'observent en tenant compte de leurs positions respectives, ou à deux animaux qui entament une danse rituelle avant un conflit de territoire. C'est dans l'amabilité qui dissimule le cynisme ou la perfidie, c'est dans cette agressivité en perpétuelle implosion, que réside la notion de théâtre de l'imminence.

Deux différences qui se rencontrent trahissent souvent par les mots l'impossibilité de se comprendre et de communiquer. Dans ce théâtre qui expose sans cesse l'impossibilité que des êtres différents ont à communiquer, qui dévoile l'entente difficile entre deux mondes qui n'ont rien en commun, il y a quand même un besoin extrême de rapport à l'autre. Ils pouvaient s'éviter et pourtant ils se rencontrent. La discussion devrait cesser et pourtant elle continue. C'est le plaisir et la délectation à prononcer les mots qui justifie cette prolongation. En fait, cette rhétorique du refus ferme les chemins de la conciliation ; une cascade de fausses concessions va écrouler le discours jusqu'à son point ultime : l'affrontement sauvage, franc et définitif.

Le conflit montré n'est jamais tragique. Dans ses pièces Koltès s'attarde peu à décrire l'affrontement physique ou la mort. Ces événements sont le plus souvent hors scène et l'exposition s'avère alors inutile pour les raconter. La cohérence du théâtre de Koltès nous conduit à considérer les scènes de violence comme la périphérie de l'affrontement réel qui motive ou justifie les personnages. En fait, ces scènes cruelles ou sanglantes permettent aux protagonistes d'utiliser

2 **(un,e) porteur, -euse** → porter – **un combat** Kampf – **une riposte** une contre-attaque – **une esquive** Ausweichen; *ici:* Ausweichmanöver – 3 **une feinte** Täuschung – **un combattant** → un combat – **aisément** facilement – **un lutteur** → une lutte – 4 **tenir compte de qc** etw. berücksichtigen – **respectif, -ive** jeweilig – 5 **entamer** *ici:* commencer – 6 **l'amabilité** *f* Liebenswürdigkeit (→ aimer) – **dissimuler** cacher – **le cynisme** Zynismus – **la perfidie** *litt* Hinterhältigkeit – 7 **perpétuel,le** qui dure toujours – **une implosion** ≠ une explosion – **résider** consister – 8 **une notion** une idée – **l'imminence** *f* Unmittelbarkeit – 9 **trahir** verraten – 10 **exposer** darlegen – 11 **une entente** le fait de s'entendre – 16 **la délectation** Genuss – **une prolongation** Verlängerung – 17 **le refus** → refuser – **la conciliation** Versöhnung 18 **une cascade** *ici:* Flut – **une concession** Zugeständnis – 19 **ultime** dernier – **un affrontement** Aufeinandertreffen – 21 **s'attarder à qc** bei etw. verweilen – 22 **s'avérer** sich erweisen als – 23 **la cohérence** Schlüssigkeit, Stimmigkeit – 24 **la violence** Gewalt – **la périphérie** *ici:* Vorfeld – 26 **cruel,le** grausam – **sanglant,e** → le sang **le protagoniste** le héros (d'une pièce de théâtre)

un nouveau ressort du combat : la provocation. Cette provocation réside alors essentiellement dans l'inertie des personnages à demander toujours la même chose, à réclamer leur dû dans leur entêtement agaçant.

Dans leur confrontation, les personnages de Koltès ne défendent pas l'avenir du monde. Il n'y a pas non plus de leçon à tirer du conflit. Ainsi, il s'avère presque inutile de se demander pourquoi les personnages s'affrontent. L'incompréhension et l'écart entre deux cultures, les différentes conceptions du monde, la peur de « l'autre », la peur d'être encerclé ou envahi dans son territoire, sont des thèmes sous-jacents que Koltès ne traite pas. On sent bien que Koltès préfère le chemin qui mène au conflit que le conflit et ses causes.

Serge Saada, *Un théâtre de l'imminence,* dans : *Alternatives Théâtrales asbl, no. 35-36,* Bruxelles 1995 (texte abrégé).

4. Débuts et fins de pièces

Les débuts – et les fins – de pièces sont chez Koltès les moments clés de son théâtre. Mais ils sont aussi les moments de la plus grande illusion. Dans la première scène, l'essentiel est posé et dit, non pas toutefois sous la forme d'une exposition, mais d'une manière extrêmement subtile et inhabituelle, en présentant, d'une façon ou d'une autre, l'impossibilité de dire, de comprendre ou d'admettre le désordre qui donne sens à la pièce. L'impuissance initiale prend différentes formes selon les œuvres : dans *Le retour au désert,* c'est l'impossible cohabitation du frère et de la sœur. A la logique « directionnelle » de la tragé-

1 **le ressort** *ici:* une arme – 2 **l'inertie** *f* [inɛʀsi] ≠ la passivité – 3 **le dû** Anrecht **l'entêtement** *m* Starrköpfigkeit – 4 **agaçant,e** énervant – 8 **un écart** une distance 10 **encercler** einkreisen, umzingeln – **envahir qn** jdn überfallen – **sous-jacent,e** caché, implicite – 15 **toutefois** pourtant (jedoch) – 16 **une exposition** la première partie d'une pièce de théâtre qui sert à présenter les personnages et le lieu – 17 **subtil,e** scharfsinnig, einfallsreich – **inhabituel,le** ≠ habituel (→ une habitude) – 18 **admettre** zugeben – 19 **l'impuissance** *f* Unvermögen – 20 **une cohabitation** le fait de vivre ensemble

die – logique dont le mouvement va en s'épurant –, s'ajoute une autre logique, celle du secret, qui multiple les murs dans un foisonnement croissant. La première scène repose toujours sur une logique insolite, contradictoire, par laquelle s'explique peut-être la prédilection de Bernard-Marie Koltès pour la forme théâtrale.

Dans ses débuts de pièces l'ironie de Koltès est à chaque fois d'une suprême élégance. Pourtant elle est assez étrange, car très souvent la connivence avec le spectateur – sans laquelle il n'y a pas d'ironie possible – est rendue volontairement imparfaite, à la fois immédiate et comme refusée. L'ironie se montre, et se cache. Ainsi l'un des meilleurs moyens de saper notre confiance spontanée dans les choses, et notamment dans nos droits de spectateurs, est de nous ôter la faculté de comprendre ne serait-ce que le sens des paroles prononcées sur la scène. Il en est ainsi du début du *Retour au désert*, d'une extraordinaire désinvolture. Dans cette pièce située dans le contexte de la guerre d'Algérie, l'échange le plus drôle (peut-être le plus drôle de tout le théâtre de Koltès) est en arabe, la langue de l'immigré, la langue dévaluée, que très peu de spectateurs comprennent. La traduction en est donnée en fin de livre. On s'aperçoit alors, encore avec retard, qu'on a raté l'essentiel. Il serait difficile de se moquer du monde avec plus d'insolence, et pourtant la provocation reste secrète.

Isabelle Moindrot, *Bernard-Marie Koltès : le secret, le trouble et la résolution. Débuts et fins de pièces,* dans : *Alternatives Théâtrales asbl, no. 35-36,* Bruxelles 1995 (texte abrégé).

1 **s'épurer** sich reinigen, läutern – 2 **un foisonnement** une grande quantité – 3 **croissant,e** qui augmente – 3 **insolite** extrordinaire, étrange – 4 **contradictoire** → une contradicition (widersprüchlich) – **une prédilection** Vorliebe – 7 **suprême** extraordinaire – 8 **une connivence** l'entente secrète (heimliches Einverständnis) – 9 **volontairement** absichtlich – **à la fois** en même temps – 11 **saper** erschüttern – 12 **notamment** surtout – **la faculté** la possibilité – 15 **une désinvolture** Ungeniertheit, Leichtigkeit – 17 **dévalué,e** qui a peu de *valeur* (Wert) – 19 **le retard** Verspätung (→ tard) – 20 **se moquer de** sich lustig machen über – 21 **une insolence** Frechheit, Unverfrorenheit

5. Le jeu autour de la chaussure

Tous parlent de chaussures, seul Edouard peut voler.

Par exemple Adrien qui, à la naissance de son fils, quitte à jamais ses chaussures ; désormais, il situe le centre du monde là où ses pieds nus touchent le sol : « Regarde mes pieds, Mathieu : voilà le centre du monde » (**16**,22–23).

Ou Mathieu qui doute de son aptitude pour le service militaire en Algérie ; il a hérité des pieds plats de son père.

Ou Fatima dont on peut lire les métamorphoses dans la chronique de la famille Serpenoise : pieds nus, elle traverse l'Algérie et vit en ascète dans le désert ; elle maigrit, se met à ressembler à un cactus, se dessèche et tombe en poussière*.

Et Edouard, à pieds joints, se catapulte dans l'air !

Que se cache-t-il derrière le discours et le jeu autour de la chaussure ? Dans l'échange et la perte des chaussures, dans l'allusion et le renoncement aux chaussures se matérialise un ensemble d'états de l'âme. Dans le jeu avec la chaussure les émotions de l'âme se font objet, dans le discours sur la chaussure, elles trouvent une voix.

Le discours ou le jeu autour de la chaussure autorise à classer les personnages selon les images de leurs élans physiques et spirituels. Un premier groupe comprend des personnages dont la foi dans le sens offert par une réalité matérielle n'est pas encore ébranlée. Leur quotidien se meut dans les limites que leur impose le cycle du désir et du rassasiement. Leur pensée stagne dans les frontières de cet espace renfermé : elle est de l'ordre du réflexe, cherchant rarement l'alternative. Le choix des chaussures obéit aux impératifs de la mode, de la saison, du terrain. Ces personnages sont choqués par des pieds nus ou

* Cent ans de l'histoire de la famille Serpenoise, *Le Républicain lorrain*, 27/10–3/11 1988 (**75–79**).

2 **à jamais** pour toujours – 3 **désormais** à partir de maintenant – 4 **nu,e** nackt **le sol** la terre (Boden) – 6 **douter de** zweifeln an – **une aptitude** Eignung – 8 **une métamorphose** Metamorphose, Verwandlung – 10 **maigrir** devenir *maige* (mager) – 11 **se dessécher** → sec (austrocknen) – **la poussière** Staub –12 **à pieds joints** mit geschlossenen Beinen – 14 **la perte** → perdre – **une allusion** Anspielung – **le renoncement** le fait de *renoncer* (verzichten) – 15 **se matérialiser** se concrétiser (Gestalt annehmen) – **l'âme** *f* Seele – 20 **la foi** Glaube 21 **ébranler** erschüttern – **le quotidien** la vie quotidienne – 22 **se mouvoir** *litt* bouger – **imposer** *ici:* auferlegen – 23 **un rassasiement** Übersättigung – **stagner** [stagne] stagnieren – 25 **obéir à** gehorchen

des chaussures inadéquates. Ce qui caractérise leur discours autour de la chaussure, ce sont les exhortations faites aux autres de mettre leurs chaussures ou d'en changer.

On trouve dans un deuxième groupe les voyageurs, les perdus et les exilés. Leur cheminement correspond à l'image cinétique d'âmes en suspension entre le doute et la confiance en leur destination.

Le troisième groupe sont des êtres dont l'âme est tenue en équilibre par une foi fervente en un projet. Tant que le champ de leurs expériences et leur horizon d'attente se touchent, aucun doute concernant leurs propres possibilités ne surgira. Ce sont des êtres dont la démarche est légère et agile : ils se débarrassent de tout ce qui alourdit ou enferme, et, en premier lieu, des chaussures.

L'image cinétique de l'âme gracieuse se dérobe à notre perception ; la trace de son corps, en chemin vers sa dissolution dans le temps et l'espace, apparaît comme une traînée blanche dans le ciel. La disparition d'Edouard et l'évaporation de Fatima sont des exemples de cette dissolution du moi. Par son saut dans l'espace, Edouard fait la contre-épreuve spectaculaire de la loi de la pesanteur. Sa disparition soudaine rend ridicules tous ceux qui, malgré leurs efforts, n'arrivent pas à faire ce qu'il réussit juste avec un peu d'élan. Les métamorphoses de Fatima jusqu'à sa désincarnation sont des variantes silencieuses de ce moment théâtral.

Marietta Piekenbrock, *C'est l'usine ou devenir légers. À propos de la poétique des chaussures chez Bernard-Marie Koltès*, dans : *Alternatives Théâtrales asbl, no. 35-36,* Bruxelles 1995 (texte abrégé).

1 **inadéquat,e** [inadekwa, at] unpassend – 2 **une exhortation** Ermahnung – 5 **le cheminement** → le chemin – **cinétique** qui bouge – 6 **en suspension** *f* hängend – **le doute** Zweifel – 8 **fervent,e** unumstößlich, leidenschaftlich – **tant que** + *indicatif* aussi longtemps que – 9 **un horizon d'attente** Erwartungshorizont – 10 **surgir** auftauchen – 11 **agile** *ici:* geschickt, flink – **alourdir** rendre lourd – 13 **gracieux, -euse** aimable, gentil – **se dérober à** échapper à, éviter d'être vu – **la perception** Wahrnehmung – 14 **la dissolution** Auflösung (→ dissoudre) – 15 **une trainée** une longue trace – **la disparition** → disparaître 16 **l'évaporation** *f* la transformation en vapeur – 17 **une contre-épreuve** Gegenbeweis – 18 **la loi de la pesanteur** Gesetz der Schwerkraft – 21 **la désincarnation** Aufgabe des Meschseins

6. Qu'est-ce que le théâtre ?

Je vois un peu le plateau de théâtre comme un lieu provisoire, que les personnages ne cessent d'envisager de quitter. C'est comme le lieu où l'on se poserait le problème : ceci n'est pas la vraie vie, comment faire pour s'échapper d'ici. Les solutions apparaissent toujours comme devant se jouer hors du plateau, un peu comme dans le théâtre classique.

L'automobile, pour nous qui sommes de la génération du cinéma, pourrait alors être, sur un plateau, le symbole de l'envers du théâtre : la vitesse, le changement de lieu, etc. Et l'enjeu du théâtre devient : quitter le plateau pour retrouver la vraie vie. Etant bien entendu que je ne sais pas du tout si la vraie vie existe quelque part, et si, quittant finalement la scène, les personnages ne se retrouvent pas sur une autre scène, dans un autre théâtre, et ainsi de suite. C'est peut-être cette question, essentielle, qui permet au théâtre de durer.

J'ai toujours un peu détesté le théâtre, parce que le théâtre, c'est le contraire de la vie ; mais j'y reviens toujours et je l'aime parce que c'est le seul endroit où l'on dit que ce n'est pas la vie.

Non, je n'écris pas mes pièces comme des scénarios de films ; je raconterais tout autre chose et tout autrement au cinéma. Ce n'est pas parce qu'une voiture est garée quelque part que c'est du cinéma ; ce n'est pas la forme du lieu, le décor, les instruments qui font la différence, c'est l'usage qu'on en fait et leur fonction. Bien sûr, j'écris des pièces qui se passent en extérieur, parce que je n'ai pas envie d'écrire des histoires qui se passent à la cuisine. Mais je suis certain qu'aucune de mes trois pièces ne pourrait exister ailleurs que sur une scène de théâtre.

Ce qui se passe dans une scène, ce qui se dit, tout cela, c'est facile à imaginer ; écrire une jolie scène d'amour, c'est la chose la plus facile du monde; « bien écrire », comme on dit, c'est élémentaire, tout le monde peut le faire. Ce qui est difficile, ce qu'il faut apprendre, ce qu'on met du temps à apprendre, et qu'on rate, et qu'on recommence, qu'on ne réussit jamais tout à fait et qui empêche de dormir, ce sont des choses comme : faire rentrer quelqu'un sur un plateau, lui donner une raison de sortir, et voir à quel point cette raison modifie la scène qu'on imaginait d'abord ; maîtriser les personnages même quand ils

1 **un plateau** *ici:* Bühne – 2 **ne (pas) cesser de** continuer – **envisager de** + *inf* penser à – 4 **s'échapper** s'enfuir – 8 **l'enjeu** *m, ici:* l'idée principale – 11 **une scène** *ici:* Bühne – 17 **un scénario** Drehbuch – 21 **l'usage** *m* Gebrauch – 31 **tout à fait** entièrement – 34 **maîtriser** *ici:* contrôler

sont hors scène, pour savoir comment on va les retrouver. Et puis j'aurais voulu tout essayer : les flash-back, les sauts dans le temps, les « quelques mois plus tard » ; jusqu'au moment où il m'a semblé qu'impérativement, au théâtre, le temps s'écoule de manière linéaire et sans interruption du début à la fin de la pièce, et qu'on ne peut pas changer de décor sans raison. Bref, j'ai découvert la règle des trois unités, qui n'a rien d'arbitraire, même si on a le droit aujourd'hui de l'appliquer autrement. En tous les cas, c'est bien la prise en compte du temps et de l'espace qui est la grande qualité du théâtre. Le cinéma et le roman voyagent, le théâtre pèse de tout notre poids sur le sol.

Bernard-Marie Koltès : *Un hangar, à l'ouest*, dans Bernard-Marie Koltès : *Roberto Zucco*, Les Editions de Minuit, Paris 1990 (texte abrégé).

7. Cent ans de l'histoire de la famille Serpenoise

Pour aider les comédiens à nourrir leurs personnages, Bernard-Marie Koltès a imaginé l'itinéraire de la famille Serpenoise en amont et en aval de la pièce. C'est ce document inédit qu'il a bien voulu nous confier.

« En 1867, naissance de César Serpenoise, huitième enfant d'une famille de mineurs, dans une cité d'ouvriers appartenant tout entière, maisons, commerces, église, rues, portes, lits, vaisselle, aux Aciéries Rozérieulles. Quelques mois avant la naissance de César, son père, le jour du départ du fils aîné au service militaire, s'était suicidé d'une balle dans la tête. Son corps fut découvert couché sur une tombe anonyme au cimetière de la cité.

2 **un flash-back** [flaʃbak] Rückblende – 4 **impérativement** obligatoirement – **s'écouler** *ici:* passer – 5 **une interruption** → interrompre – 6 **bref** kurz, kurzum – 7 **arbitraire** willkürlich – 8 **appliquer** anwenden – **la prise en compte** Berücksichtigung 10 **le sol** la terre (Boden) – 11 **nourrir qn** *ici:* donner plus d'expression à qn – 12 **un itinéraire** *ici:* la biographie – 13 **en amont et en aval de qc** *ici:* vor und nach von etwas – 14 **confier** anvertrauen – 16 **un mineur** un ouvrier qui travaille dans une mine – 17 **une aciérie** l'usine où l'on fabrique de l'*acier* (Stahl) – 18 **Rozérieulles** nom de famille – 20 **une balle** *ici:* Kugel – **une tombe** → un tombeau (Grab) – 21 **un cimetière** Friedhof

A 14 ans, César rejoint ses frères au fond de la mine. Sa santé fragile fait qu'au bout d'un certain temps, on lui confie un travail à l'air libre. Il est d'abord remarqué par un contremaître pour son ardeur au travail et sa vivacité d'esprit ; celui-ci en parle au curé de la cité qui lui enseigne, le soir, le latin et les chiffres.

Nommé comptable à 18 ans, il prend de très habiles initiatives pour réorganiser le système de classement des dossiers et devient, six ans plus tard, chef comptable des Aciéries Rozérieulles.

Le vieux Rozérieulles aimait ses ouvriers et ses ouvriers l'aimaient ; il connaissait des centaines et des centaines de nom d'ouvriers, il leur serrait la main et ne se trompait pas sur le nombre de leurs enfants ; les ouvriers se réjouissaient de mariages et des baptêmes de la famille Rozérieulles et pleuraient à leurs enterrements. C'est pourquoi, malgré les progrès des techniques d'extraction, on ne se décidait pas, au conseil familial d'administration, à licencier du personnel. Et, surtout, une immense, inexplicable lassitude avait soudain saisi, à la fin du siècle, la famille tout entière, du patriarche au plus jeune. Plus personne ne songeait à innover ; on gérait les affaires comme un vieillard solitaire prépare son dîner. Au bout de quelques années, les Aciéries Rozérieulles, autrefois florissantes, se trouvèrent dans une situation déplorable. En 1900, le vieux Rozérieulles nomme César Serpenoise directeur général, et meurt. Le reste de la famille, voyant son ambition mourir avec leur père, abandonne le pouvoir et toutes les décisions à César. César achète une grande maison dans le quartier bourgeois de la ville.

En 1908, la famille Rozérieulles vend toutes ses actions et se retire ; César en rachète la majorité. Il licencie, il réorganise, il investit. Les Aciéries Rozérieulles s'appellent désormais Aciéries Serpenoise.

La même année, César épouse discrètement une obscure repasseuse qu'il tient enfermée dans la maison ; trois mois après, elle accouche de Mathilde. A la même heure, dans une autre maison bourgeoise du même quartier, naissance de Marie Rozérieulles.

1 rejoindre qn → se joindre à qn – 3 **un contremaître** le chef d'une équipe d'ouvriers – **l'ardeur** *f* la force, l'énergie – 4 **la vivacité d'esprit** schnelle Auffassungsgabe – 5 **enseigner** → l'enseignement – 6 **habile** geschickt – 12 **le baptême** Taufe – 13 **un enterrement** Beerdigung – 14 **une technique d'extraction** Fördertechnik – 16 **une lassitude** l'état d'être las, fatigué – 18 **songer à** penser à – **gérer qc** diriger qc – 20 **florissant,e** → une fleur (blühend) – 21 **déplorable** très mauvais et regrettable – 26 **une action** *ici:* Aktie – 29 **épouser qn** se marier avec qn – **une repasseuse** Büglerin – 30 **accoucher d'un enfant** donner naissance à un enfant

En 1910, la repasseuse séquestrée donne naissance à Adrien et meurt peu de temps après, sans qu'aucun médecin n'ait été appelé à son chevet, sauf pour le constat de décès.

1911 : César Serpenoise est élu maire de la ville. Il a 44 ans.

1916 : naissance de Marthe Rozérieulles.

César s'étant montré aussi bon gestionnaire de la ville que de son usine, la municipalité décide, en 1930, de donner son nom à la rue principale de la ville.

Mathilde fut une enfant et une adolescente sombre, renfermée et quasi-muette. Son frère, qui était bruyant et violent, s'amusa de longues années à la provoquer, puis il se lassa de l'absence totale de réaction de sa part, et ils vécurent sans se voir, sauf à l'heure des repas où ils se dévisageaient alternativement en silence.

A l'automne de l'année 1930, un soir, Mathilde se promenait dans le jardin où elle avait l'habitude de rencontrer Marie Rozérieulles pour bavarder tout bas. Ce soir-là, Marie ne vint pas. Quand la nuit fut complète, Mathilde fut saisie d'une inexplicable torpeur qui la fit tituber. Les yeux mi-clos, elle s'approcha de l'arbre et s'allongea pour sombrer aussitôt dans un profond sommeil. Son frère la découvrit le matin, endormie ; il alerta la domestique qui la coucha et soigna quelques jours une grosse fièvre.

Au bout de quelques mois, son ventre grossit jusqu'au moment où César comprit le scandale qui guettait la maison. Il enferma sa fille dans sa chambre sous la garde de Maame Queuleu. Avec deux mois d'avance, Edouard sortit du ventre de sa mère et Maame Queuleu s'occupa de tout.

Mathilde fut sévèrement punie : pendant une année, elle fut condamnée par son père à manger à genoux à la table familiale. Son frère la dévisageait toujours pendant les repas, mais Mathilde ne levait plus les yeux sur lui.

Marie, inquiète de ne plus voir son amie, tenta vainement de pénétrer dans la maison Serpenoise, mais on lui opposa toujours un refus

1 **séquestré,e** enfermé et caché – 3 **appeler qn au chevet de qn** ~ au lit d'un malade **le décès** la mort – 6 **un gestionnaire** → gérer – 9 **sombre** triste – **renfermé,e** → fermer (verschlossen) – 10 **muet,te** qui ne peut pas parler – 11 **se lasser de** devenir las, fatigué de (→ la lassitude) – 13 **se dévisager** se regarder attentivement (→ le visage) – 17 **la torpeur** Benommenheit, Lähmung – 18 **tituber** ne pas être sûr de ses pas (schwanken) – **mi-** + *adjectif* halb... – 19 **sombrer** se perdre (versinken) 20 **alerter qn** prévenir qn en cas de danger – 22 **grossir** devenir (plus) gros – 23 **guetter** *ici:* menacer – 28 **à genoux** *m* knieend – 31 **inquiet, -iète** → s'inquiéter – **tenter** essayer – **vainement** sans succès – 32 **opposer** entgegensetzen

obstiné. Alors, elle s'y prit autrement pour rejoindre son amie : énergiquement, inlassablement, sans précaution, elle courtisa Adrien qui, étourdi par tant de vigueur, finit par l'épouser au bout de quelques mois et Marie eut alors accès à la chambre et aux confidences de son amie. L'année suivante, Marie accouchait de Mathieu.

En 1933, Mathilde parvint à s'échapper de sa chambre par la fenêtre pour se promener dans le jardin. Elle s'endormit à nouveau, et peu après, se rendant compte qu'elle était une fois encore enceinte, elle complota, avec l'aide de Marie, sa fuite de la ville. Elle vola de l'argent dans le coffre de son père et prit le bateau pour l'Algérie où Fatima naquit l'année suivante.

L'année de la Libération, César, à l'agonie, exigea de voir ses deux enfants pour le partage de l'héritage ; Mathilde revint, avec Edouard et Fatima. César partagea sa fortune en deux parts, la maison d'un côté et l'usine de l'autre, et, contre toute attente, donna le choix à Mathilde. Contre toute attente aussi, Mathilde choisit la maison, et à peine César était-il mort qu'elle exigea le départ de son frère et de son neveu.

Déjà pourvue d'une fort mauvaise réputation, Mathilde fut accusée d'avoir couché avec des Allemands. Sa tête fut rasée et elle fut forcée de s'enfuir à nouveau en Algérie avec ses enfants, abandonnant la maison à Adrien contre un faible loyer. La même année, Marie Serpenoise mourait mystérieusement dans son lit.

En novembre 1960, Adrien Serpenoise reçut un télégramme de sa sœur annonçant son retour pour la semaine suivante. »

Ici se situe l'action du Retour au désert.

« En 1961, après le départ de Mathilde et d'Adrien, Mathieu fut envoyé en Algérie parmi les tout derniers appelés. Après une cuite forcenée dans un bordel, il voulut prendre lui-même le volant de la jeep qui ramenait ses camarades et lui à la garnison, et, comme il ne savait

1 **obstiné,e** hartnäckig – **s'y prendre** agir d'une certaine manière pour arriver à un but – 2 **inlassable** infatigable (→ las) – **la précaution** Vorsicht – **courtiser qn** faire la cour à qn – 3 **étourdi,e** *ici:* verblüfft – **la vigueur** l'ardeur, l'énergie – 5 **l'accès** *m* **à qc** la possibilité d'entrer dans qc – **la confidence** *ici:* le secret – 6 **parvenir à faire qc** arriver à faire qc – 8 **se rendre compte (de qc)** s'apercevoir (de qc) – **enceinte** schwanger – 9 **comploter qc** préparer qc secrètement - **la fuite** → fuir – 10 **le coffre** *ici:* Safe, Tresor – 12 **la Libération** la libération de la France par les Alliés en 1944 **à l'agonie** *f* juste avant de mourir – **exiger qc** demander qc – 15 **contre toute attente** wider Erwarten – 19 **être pourvu,e de** avoir – 22 **faible** *ici:* petit – 28 **une cuite** *fam* l'action de boire beaucoup d'alcool avec des amis (Saufgelage) – **forcené,e** *ici:* ausgiebig

pas conduire, il s'écrasa dans un ravin et mourut avec ses camarades dans l'incendie de la voiture.

Fatima traversa la France à pied, traversa la Méditerranée en barque, traversa l'Algérie pieds nus, s'enfonça dans le désert où elle vécut en ascète. Elle maigrit jusqu'à ressembler à un cactus, et se dessécha. Sa peau, sa chair et ses os se desséchèrent au-delà de toute mesure, se réduisirent en poudre et devinrent du sable qui fut poussé par le vent jusqu'aux frontières du Mali.

Quant à Edouard, bien sûr, personne ne le revit jamais.

Mathilde et Adrien vendirent tout, maison et usine, par l'intermédiaire d'un notaire. Ils parcoururent les grandes villes d'Europe, mais toutes leurs déplurent. Ils allèrent à Rio de Janeiro, aux Bahamas, à Las Vegas. Finalement, ils s'établirent dans une petite ville de l'Arizona, fondée, construite, administrée et organisée uniquement par des vieux. Ils eurent du mal à s'y faire admettre, mais ils trichèrent sur leur âge. Au bout de quelque temps, Adrien avait déjà pris la direction de la ville et ils passaient tous deux de longues soirées au bord de la piscine, à se moquer de l'incurable vieillesse de leurs congénères.

Un soir trop humide de 1967, alors qu'ils riaient trop fort, Adrien s'etouffa et mourut dans sa chaise longue. Mathilde le regarda longuement jusqu'à ce que ses yeux se ferment de fatigue. Puis elle se leva, s'enfonça lentement dans la nuit torride, et s'allongea sous un palmier.

A travers ses yeux mi-clos, dans le ciel silencieux et rouge, elle aperçut une nuée de parachutistes, très haut, qui descendaient lentement. Les grands parachutes blancs s'approchaient, mais, avant qu'ils ne soient assez bas pour qu'elle pût distinguer les hommes qui y étaient suspendus, ses yeux se fermèrent et elle cessa de respirer. »

Bernard-Marie Koltès, *Le Républicain Lorrain*, 27 octobre 1988.

1 **s'écraser** *ici:* abstürzen – **un ravin** Schlucht –2 **un incendie** un grand feu – **une barque** un petit bateau – 4 **s'enfoncer** pénétrer – 5 **maigrir** devenir *maigre* (mager) **se dessécher** devenir sec – 6 **la peau** Haut – **la chair** Fleisch – **un os** [ɔs], **des os** [o] Knochen – **au-delà de** über ... hinaus – **la mesure** Maß – 7 **la poudre** Pulver, Staub 10 **par l'intermédiaire de** à l'aide de – 12 **déplaire** ≠ plaire – 14 **uniquement** exclusivement, seulement – 18 **incurable** unheilbar – **les congénères** *fam* Ihresgleichen 19 **humide** ≠ sec – 20 **s'étouffer** ersticken – **une chaise longue** Liegestuhl – 22 **torride** très chaud – **un palmier** Palme – 25 **une nuée** *ici:* un grand nombre – 26 **distinguer qn/qc** reconnaître, voir – 27 **être suspendu,e à qc** an etw hängen